ESSAIS
DE
SCIENCES MAUDITES

UNICURSAL

Copyright © 2018

Éditions Unicursal Publishers
unicursal.ca

ISBN 978-2-924859-41-4 (PB)
ISBN 978-2-89806-492-0 (HC)

Première Édition, Imbolc 2018
Deuxième édition, Yule 2023

ESSAIS

DE

SCIENCES

MAUDITES

I

AU SEUIL DU MYSTÈRE

(NOUVELLE ÉDITION CORRIGÉE AUGMENTÉE ET REFONDUE EN DIVERS POINTS, AVEC DEUX BELLES FIGURES MAGIQUES D'APRÈS KHUNRATH ET UN APPENDICE ENTIÈREMENT INÉDIT)

PAR

STANISLAS DE GUAITA

1890

UNICURSAL

ESSAIS

DE

SCIENCES MAUDITES

———

I

AU SEUIL DU MYSTÈRE

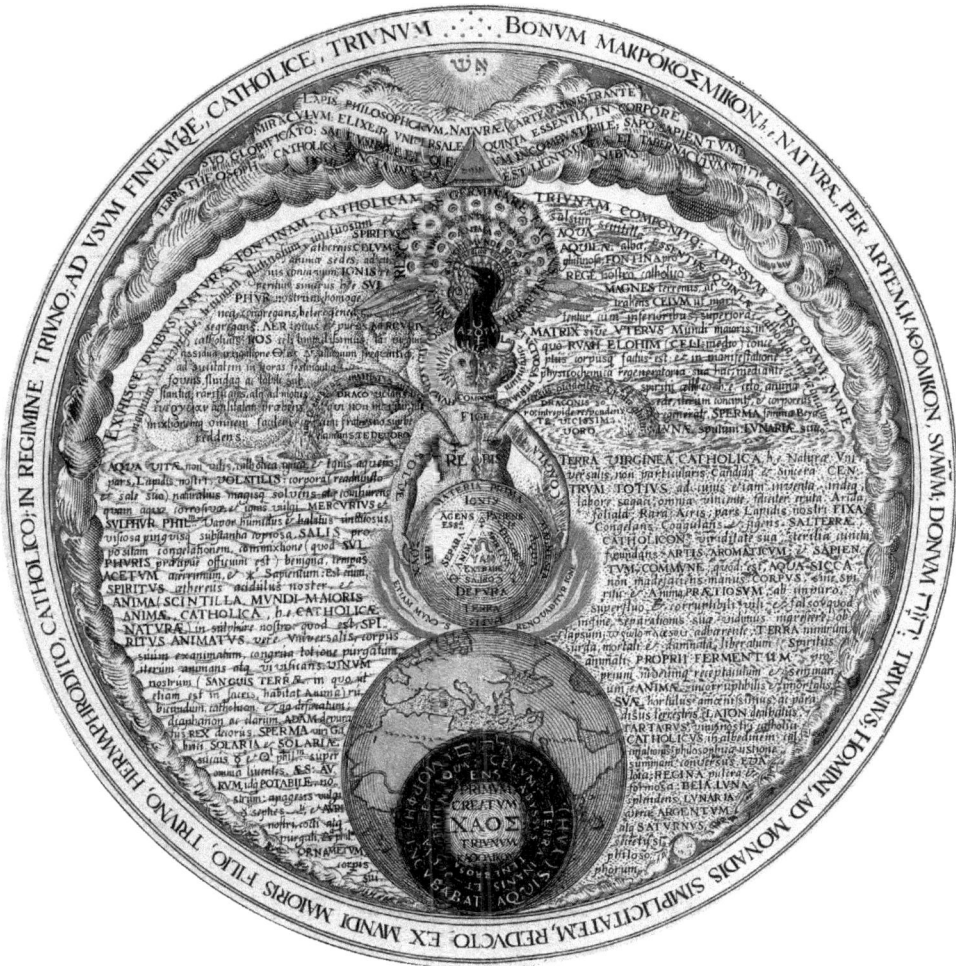

AVERTISSEMENT
POUR CETTE NOUVELLE ÉDITION

L E lecteur de notre opuscule de 1886 ne nous marchandera pas un témoignage c'est ce que nous avons pris à cœur de compléter ce premier essai, de le refondre et de l'améliorer à tous égards, en vue de l'édition nouvelle que voici.

Nous publions un travail remis au point pour l'année 1890, et tout au moins triplé d'étendue. Sans parler de corrections continuelles, de très fréquentes additions et de quelques passages soigneusement remaniés, il se grossit d'une partie nouvelle et inédite tout d'abord, deux admirables planches du théosophe de Leipzig, Henry Khunrath, réduites d'un cinquième par les nouveaux procédés phototypiques de la maison Poirel, et reproduites en taille douce, illustrent cette seconde édition. D'autre part, nous avons fait suivre le texte primitif d'un *Appendice* entièrement inédit.

Cet *Appendice* se compose : 1° d'une description détaillée du livre curieux d'où sont extraites les deux gravures mystiques : l'*Amphitheatrum Sapientiæ æternæ, solius veræ*, par Henry Khunrath — 2° d'un commentaire étendu et très précis, qui serre d'assez près le verbe hiéroglyphique où ces pantacles sont tracés, pour permettre d'en faire la lecture méthodiquement 3° de quelques renseignements, non moins intéressants qu'ignorés du plus grand nombre, sur la constitution actuelle de deux sociétés secrètes, le *Martinisme* et la *Rose-Croix* : ordres mystérieux qui se rattachent aux plus anciens centres de l'Esotérisme occidental, et possèdent dans toute sa pureté (la Rose-Croix surtout), la tradition intégrale des Sciences divines — 4° d'un discours d'initiation, prononcé par l'auteur même, à une réception martiniste du grade supérieur (S∴ I∴) qu'il présidait en juin 1889 ; — 5° enfin, d'une notice touchant l'un des ouvrages les plus profonds qui soient récemment parus sur la Kabbale : *le Royaume de Dieu*, de notre frère Alber Jhouney.

Tel est le livre foncièrement renouvelé que nous rééditons sous son ancien titre nous l'estimons moins indigne ainsi du bienveillant accueil dont, il y a quatre ans, le public a salué son apparition première.

AVANT-PROPOS

UX *seuls mots d'*Hermétisme *ou de* Kabbale, *la mode est de se récrier. Les regards échangés se teintent de bienveillante ironie, et d'aigus sourires accentuent la moue dédaigneuse des profils. En vérité, ces railleries coutumières ne se sont propagées de tout temps chez les meilleurs esprits qu'à la faveur d'un malentendu. La Haute Magie n'est point un compendium de divagations plus ou moins spirites, arbitrairement érigées en dogme absolu; c'est une synthèse générale — hypothétique, mais rationnelle — doublement fondée sur l'observation positive et l'induction par analogie. A travers l'infinie diversité des modes transitoires et des formes éphémères, la Kabbale distingue et proclame l'Unité de l'Être, remonte à sa cause essentielle, et trouve la loi de ses harmonies dans l'antagonisme relativement équilibré des forces contraires. Sollicitées à l'équilibre, jamais les puissances naturelles ne le réalisent intégral: l'équilibre absolu serait le repos stérile et la mort véritable. Or, en fait, on ne peut nier la Vie, nier le Mouvement.*

Prépondérance alternée de deux forces, en apparence hostiles, et qui, tendant à l'équilibre, ne cessent d'osciller en deçà comme au-delà : telle est la cause efficiente du Mouvement et de la Vie. Action et réaction ! La lutte des contraires a la fécondité d'une sexuelle étreinte ; l'amour est un, combat aussi.

La Magie admet trois mondes ou sphères d'activité le monde divin des causes ; le monde intellectuel des pensées ; le monde sensible des phénomènes. Un dans son essence, triple dans ses manifestations, l'Être est logique et les choses d'en haut sont analogues et proportionnelles aux choses d'en bas : si bien qu'une même cause engendre, dans chacun des trois mondes, des séries d'effets correspondants et rigoureusement déterminables par des calculs analogiques. Voilà donc le point de départ de la Haute Magie — cette algèbre des idées. Tout axiome, marqué de son nombre générique, se figure kabbalistiquement par une lettre de l'alphabet hébreu, conforme à ce nombre : ainsi les concepts se classent à mesure qu'ils s'engendrent ; ils se développent en chaînes interminables, dans l'ordre de leur filiation. Des causes premières aux plus lointains effets, des principes les plus simples et clairs aux innombrables résultats qui en dérivent, quel superbe processus, déployé dans tout le domaine du contingent, et remontant jusqu'à cet Ineffable qu'Herbert Spencer nomme l'Incognoscible !

« De omni re scibili et quibusdam aliis... » Sciences connues et sciences occultes, la synthèse hiératique embrasse d'une même étreinte toutes ces branches du savoir universel, ces branches dont la racine est commune. C'est en vertu d'un principe identique que le mollusque secrète la nacre et le cœur humain l'amour ; et la même loi régit la communion des sexes et la gravitation des soleils. Mais ressusciter la Science intégrale est une tâche au-dessus de nos forces : glissant sur les

résultats trop indiscutables et les théories trop universellement divul-
guées, nous devrons borner ces Essais à l'examen de phénomènes mys-
térieux encore, comme à l'étude de problèmes spéciaux que la science
officielle ignore, dédaigne ou défigure. Nous tâcherons surtout, en cette
série d'opuscules ésotériques, de rattacher telles troublantes questions,
dont s'effarouche le scepticisme moderne, aux grands principes qu'ont
invariablement professés les adeptes de tous les âges. Un jour peut-être
nous sera-t-il donné de sublimer, en un corps de doctrine cohésif, cette
haute philosophie des maîtres.

Ce qui n'est, aux yeux du lecteur, qu'une hypothèse — extrava-
gante sans doute — est pour nous un dogme certain: on nous excusera
donc de parler avec la ferme assurance de celui qui croit. Nous rele-
vons plus spécialement de l'Initiation hermétique et kabbaliste; mais
dans les sanctuaires de l'Inde, nous le savons, dans les temples de la
Perse, de l'Hellade et de l'Étrurie, aussi bien que chez les Égyptiens
et les Hébreux, la même synthèse a revêtu diverses formes et les sym-
bolismes en apparence les plus contradictoires traduisent pour l'Élu la
Vérité toujours Une, dans la langue, invariable au fond, des Mythes
et des Emblèmes.

Depuis le schisme des gnostiques jusqu'au XVIIIe siècle, la vie des
adeptes nous apparaît un constant martyre: Vénérables excommu-
niés, patriarches de l'exil, fiancés de la potence et du fagot, ils ont
gardé dans l'épreuve l'héroïque sérénité dont l'idéal arme et décore
ses fervents; ils ont vécu leur agonie, car le Devoir était, pour eux,
de transmettre aux héritiers de leur foi proscrite le trésor de la science
sacrée; ils ont écrit leurs symboles, qu'aujourd'hui nous déchiffrons...
L'ère est révolue du fanatisme officiel et des superstitions populaires,
non point celle du jugement téméraire et de la sottise: si l'on ne brûle

plus les Initiés, on les raille et les calomnie. Ils sont résignés à l'outrage, comme leurs pères — les martyrs.

Peut-être soupçonnera-t-on, quelque jour, que les anciens hiérophantes n'étaient ni des charlatans, ni des imbéciles... — Alors, ô Christ, tes serviteurs se souviendront que des Mages se sont prosternés devant ton berceau royal, et partout répandue, la Charité témoignera hautement que ton règne est advenu : *Adveniat regnum tuum !...* En attendant que sonne cette heure de la Justice et de la Gnose, nous livrons à la risée bruyante du plus grand nombre, nous soumettons à l'impartial jugement de quelques-uns ces *Essais de Sciences maudites.*

S. DE G.

I

AU SEUIL DU MYSTÈRE

Las de chercher en vain la substance sous le voile des modes qu'elle subit et de buter sans cesse au rempart des apparences formelles, conscient d'un formidable au-delà, le moins mystique des penseurs a voulu sonder un jour les arcanes du monde extra-sensible. Il a gravi la montagne jusqu'au temple du mystère; il en a heurté le seuil de son front et de sa pensée. — Mais quoi! les générations, avant lui, ont assiégé le sanctuaire sans y jamais découvrir une issue, et renonçant à ce soleil intérieur qui fait fleurir aux vitraux des rosaces de lumière, elles n'ont gardé que l'éblouissement de son mirage éternel. Les degrés solliciteurs du temple aboutissent au granit inhospitalier des murailles. Au fronton sont gravés deux mots qui donnent le frisson des choses inconnues: « SCIRE NEFAS ».

Un caveau, dont la clef est perdue, s'ouvre'quelque part dans le val. On dit qu'au cours des siècles de rares audacieux surent forcer le secret du souterrain où des galeries sans nombre se coupent, entrelacées : là siège l'inexorable ministre d'une loi qu'on n'élude point. L'antique gardien des mystères, le Sphinx symbolique, debout sur le seuil, propose d'énigme occulte : — « Tremble, Fils de la Terre, si tes mains ne sont pas blanches devant le Seigneur ! Iodhévê ne conseille que les siens. Lui-même conduit l'adepte par la main jusqu'au tabernacle de sa gloire ; mais le téméraire profane s'égare infailliblement et trouve la mort dans les ténèbres du barathre. Qu'attends-tu ? Reculer est impossible. Il faut choisir ta route à travers le labyrinthe ; il faut deviner ou mourir... »

Gardez-vous de voir en ces symboles effrayants l'appareil d'une vaine menace. — La haute science ne saurait être l'objet d'une curiosité frivole ; le problème est sacré, sur lequel ont pâli tant de nobles fronts, et questionner le Sphinx par caprice est un sacrilège jamais impuni, car un tel langage porte le verbe en soi de sa propre condamnation. — À votre demande indiscrète, l'Inconnu formule une réponse inattendue, si troublante que l'obsession en demeure à jamais en vous. Le voile du mystère irritait votre curiosité ? Malheur à vous de l'avoir soulevé ! Il retombe aussitôt de vos mains tremblantes et l'affolement vous possède de ce que vous avez cru voir. Ne sait pas qui veut distinguer le rayon divin du reflet mille fois réfracté dans les milieux denses de l'illusion terrestre, et cet arcane sera élucidé plus tard.

Quoi qu'il en soit, les fantômes de l'hallucination hantent le seuil du mystère et demandez au livre du docteur Brière de Boismont [1] quel pas glissant sépare l'hallucination de la folie.

Il est une porte, nous le verrons, qu'on ne peut franchir sans entrer en rapport avec certaines forces, desquelles on devient fatalement le maître ou l'esclave, le directeur ou le jouet. Puissances que Moïse a symbolisées sous la figure du serpent qui réduit l'homme en esclavage, si l'homme ne le soumet d'abord, en écrasant du pied sa tête. Les lecteurs de *Zanoni* [2] — le beau roman de sir Bulwer Lytton — ont deviné peut-être, dans le « monstre innommable » que Glyndon évoque si malencontreusement, un mythe analogue à celui de la Genèse. — La « Chose horrible et voilée », le « gardien du seuil », c'est l'âme fluidique de la terre, l'inconscient génie de la naissance et de la mort, l'agent aveugle de l'Éternel Devenir ; c'est le double courant de lumière mercurielle dont nous aurons à parler bientôt. L'auteur anglais marque à merveille quelle réversibilité rend victimes de la lumière astrale ceux qui n'ont su la diriger : libre à Glyndon de fuir, de se débattre contre l'obsession ; l'influence néfaste est attachée à lui malgré qu'il en ait, et le fera trébucher de fatalités en tribulations, jusqu'au jour de la catastrophe suprême ; au jour où Zanoni, délirant de l'ivresse du sacrifice volontaire, se condamnera en le sauvant.

---

1   *Des Hallucinations*, par le Dr Brière de Boismont, 2e édit. refondue. Paris, Germer-Baillière, 1852, In-8.
2   *Zanoni*, par Bulwer Lytton. Dentu, 2 vol. in-12.

Pénétrons le sens exotérique de ces allégories, réservant l'autre pour plus tard. — Outre les maladies de cœur, habituellement consécutives à des émotions violentes ; outre la mort imminente par congestion cérébrale ; outre des dangers de nature plus étrange, que nous signalerons à leur heure ; la pratique imprudente de l'hypnotisme, *a fortiori* de la magie cérémonielle, ne manque pas d'inspirer à l'expérimentateur un insurmontable dégoût de la vie. Éliphas lui-même [3] — tout adepte qu'il fût, et d'un ordre supérieur — avoue avoir ressenti, à la suite du curieux essai de nécromancie qu'il fit à Londres en 1854, un profond et mélancolique attrait pour la mort, toutefois sans tentation de suicide. Il n'en est pas ainsi des ignorants qui se jettent à corps perdu dans le magnétisme, dont ils méconnaissent les lois, ou dans le spiritisme, qui est par lui-même une aberration et une folie. — « Heureux (s'écrie le célèbre Dupotet [4]), ceux qui meurent d'une mort prompte, d'une mort que l'Église réprouve ! Tout ce qu'il y a de généreux se tue... »

Les exemples de pareils faits pullulent dans l'histoire. — Ayant prophétiquement annoncé le jour de sa mort, Jérôme Cardan se suicide (1576), pour ne pas faire mentir l'astrologie. Schrœppfer de Leipsig, au comble de sa gloire de nécromancien, se fait sauter la cervelle (1774). Le spirite

---

3   Eliphas Lévi, *Dogme et Rituel de la Haute Magie.* Germer-Baillière, 1861, 2ᵉ édition, 2 vol. in-8. — *Dogme*, page 271.

4   Baron Dupotet, *La Magie Dévoilée*, in-4°. Saint-Germain, Eugène Heutte, 1875 (prix 100 fr.) Ce singulier ouvrage, que M. Dupotet ne livrait que sur un serment de discrétion écrit et signé de la main de l'impétrant, est maintenant tombé dans le commerce.

Lavater meurt mystérieusement (1801). Quant au sarcastique abbé de Montfaucon de Villars, qui tourna si fort en ridicule le comte de Gabalis, peut-être ne sait-on guère le dernier mot de sa fin tragique (1673).

Tel, sur les enthousiastes du merveilleux, et les téméraires amateurs de révélations d'outre-tombe, souffle un vent de ruine et de mort. Qu'il serait aisé de grossir la liste nécrologique! Mais il n'importe. — Inaccessibles à la folle curiosité autant que rebelles aux émotions malsaines, ceux-là seuls peuvent affronter impunément les opérations de la science, qui savent distinguer un phénomène d'un prestige et cuirassent leur sens confire toute illusion. L'expérimentateur qui se dit avec calme: — « Mon cœur n'a que faire de battre plus vite: la force invisible qui déplace ces meubles avec fracas est un courant odique soumis à mon vouloir; la forme humaine qui se condense et se masse dans la fumée de ces parfums, n'est qu'une coagulation fluidique, reflet coloré du rêve de mon cerveau, création azothique du verbe de ma volonté... » Celui qui se parle ainsi sans trouble ne court, certes, aucun danger; il mérite le nom d'adepte.

Mais bien rares sont-ils à se réclamer légitimement d'un pareil titre. De tels hommes, clairsemés jadis, sont à présent plus introuvables que jamais peu portés d'ailleurs à se faire valoir en public, ils vivent et meurent ignorés. C'est aux plus bruyants que courent les badauds; c'est aux plus poseurs que va la vogue. Thaumaturges forains, malades excentriques, la renommée leur sourit et les consacre tour à tour : c'était le sorcier Simon, du temps de saint Pierre ; au siècle dernier, c'étaient Etteila, le tireur de cartes et l'extatique Théot ; c'étaient hier Home le médium, et Vintras le prophète !... Quelques autres — savants véritables, ceux-là font fureur aussi, mais grâce à certains côtés équivoques ou charlatanesques de leur caractère : tels le comte de Saint-Germain et le *divin* Cagliostro ; tels Pierre le Clerc, le bénédictin fatidique, et le trop spirituel chiromancien Desbarrolles.

Chaque fois qu'un charlatan s'est exhibé dans une gloire de tréteau magique, un sceptre grotesque à la main, tout l'odieux en a rejailli sur les véritables adeptes ceux-ci vraiment ont bénéficié de la dérision, tandis que les autres bénéficiaient de la monnaie. Ce fut là, n'en doutons pas, la cause majeure des calomnies dont — au moyen âge surtout — les disciples d'Hermès, de Zoroastre et de Salomon eurent si fort à souffrir : on accusa les mages de ces pratiques criminelles, obscènes et blasphématoires qu'accomplissaient au sabbat sorcières et sorciers ; tous les méfaits de ces monstres des deux sexes viols, maléfices, empoisonnements, sacrilèges, furent imputés à la charge des initiés supérieurs ; les plus abominables propos circulèrent sur leur vie privée, — et leur doctrine, réputée un tissu de lourdes inepties et de grossières injures contre le Christ et la Vierge-mère, devint l'épouvantail des âmes pieuses et la risée des gens d'esprit.

Il faut confesser d'ailleurs que le symbolisme ésotérique des livres d'Hermétisme et de Kabbale n'a pas accentué médiocrement la défaveur où des esprits superficiels tenaient les hautes sciences. La vue d'ensemble y contribuait : signes crochus des planètes, lettres hébraïques des hiérogrammes, caractères arabes des grimoires, haute fantaisie apparente des pentacles et bizarrerie mystique des paraboles — toutes choses superlativement diaboliques au sentiment des sots et des ignares, puériles à première vue au gré des esprits logiques ; irritantes, en tout cas, pour la curiosité de chacun. De tout temps, les sages avaient écrit et parlé la langue des mythes et des allégories, mais jamais l'obscurité de la forme ne se dut plus mystérieusement épaissir qu'au moyen âge et jusqu'au siècle dernier ; l'intolérance des inquisiteurs, la perpétuelle menace du bûcher et l'affolement fanatique du populaire au seul nom de sorcier, justifient assez la précaution des adeptes. — La science occulte est pareille à ces fruits savoureux que protège une épaisse et dure coquille : il nous plaît de détacher laborieusement l'écorce ; à coup sûr, la chair succulente du fruit dédommagera notre peine.

A-t-on assez cruellement vilipendé l'alchimie et raillé de bon cœur la transmutation des métaux ? Ce n'est point ici le cas de faire l'apologie ni même l'exposition de Fart spagyrique ; mais j'exulte de transcrire, pour la confusion des détracteurs imbéciles, l'appréciation récente du plus grand chimiste, peut-être, de la France contemporaine. M. Berthelot, dans ses *Origines de l'Alchimie :* —

« *J'ai retrouvé non seulement la filiation des idées qui les avaient* « *conduits (les alchimistes), à poursuivre la transmutation des mé-* « *taux, mais aussi la théorie, la philosophie de la nature qui leur avait*

« *servi de guide, théorie fondée sur l'hypothèse de l'unité de la matière,*
« ET AUSSI PLAUSIBLE AU FOND QUE LES THÉORIES MODERNES
« LES PLUS RÉPUTÉES AUJOURD'HUI... *Or, circonstance étrange ! les*
« *opinions auxquelles les savants tendent à revenir sur la constitution*
« *de la matière, ne sont pas sans analogie avec les vues profondes des*
« *anciens alchimistes* [5]. »

On voit quel cas notre glorieux contemporain fait des
philosophes hermétiques. Combien plus vive serait peut-
être son admiration, si pleinement initié au spagyrisme ésotérique, il pénétrait le triple sens de ces locutions spéciales
que son génie ne lui a fait deviner qu'en partie !

Mais l'alchimie n'est qu'une part minime de la science
universelle, enseignée dans les sanctuaires de l'antiquité.
N'est-il pas révoltant de penser que des esprits équitables
de cette heure n'ont pas encore appris à distinguer entre les
orgies sanglantes du sabbat légendaire, les monstrueuses
priapées de la magie noire — et les fastes de cette science
traditionnelle des initiés d'Orient, synthèse gigantesque et
splendide entre toutes, qui traduit en images grandioses
d'augustes vérités, à peine entrevues par les penseurs de
tous les âges, et de lumineuses hypothèses, déduites par
analogie, et que la science la plus éclairée et la plus rationnelle tend à confirmer aujourd'hui ?

Quel Valmiki d'Europe chantera les civilisations tita-
nesques du monde primitif, les grands cycles intellectuels
dont témoigne la Haute Magie ? Et, pour célébrer digne-

---

5   Berthelot, *Les Origines de l'Alchimie*, 1 vol. in-8. Paris, Steinheil, 1885
(préface, pages XIV et XV).

ment cette mère de toutes les philosophies, qui nous dira l'épopée de sa gloire rayonnante sur les nations antiques, et le drame récent du martyre de ses adeptes, sous les persécutions de l'Église et les calomnies du monde entier?... Telle nous apparaît la haute Science à travers l'humanité, maudite et méconnue depuis la trahison des gnostiques dissidents; confondue, dans l'imagination terrorisée des masses, avec l'immonde goétie; décriée par les faux savants dont elle sape les rêves creux et affole la scholastique en délire; criblée enfin des anathèmes d'un présomptueux sacerdoce, déchu de son initiation primitive!... Telle nous apparaît cette science à travers l'histoire de quinze siècles au moins, que, plongeant au fond du passé, nous hésitons à la reconnaître, resplendissante et sacrée dans les sanctuaires de l'ancien monde, et plus tard, illustrant d'un pur éclat le christianisme occulte des premiers Pères.

Ce n'est pas que l'antiquité n'ait eu ses sorciers — ses sorcières surtout. La magie empoisonneuse a conquis aux mégères de Thessalie et de Colchide une lugubre célébrité. Nocturnes visiteuses des tombeaux, vestales impures des lieux déserts, elles mêlaient à la sève narcotico-âcre des jusquiames et des ciguës le lait caustique de la tithymale, et faisaient digérer des extraits d'Aconit Lycoctone et de Mandragore avec d'innommables venins et d'obscènes humeurs. — Puis, leurs incantations saturaient ces mixtures d'un fluide d'autant plus meurtrier , que leur haine longtemps contenue l'avait plus douloureusement élaboré et projeté dans une rage plus venimeuse et tacite. Les cuisines de Canidie (si hideuses qu'à leur vue, la lune se voilait, dit-on, d'un nuage sanglant), ont eu l'honneur de soulever le dégoût lyrique d'Horace, et point n'est besoin d'en retracer ici les détails, présents à la mémoire de tous les amis du poète.

Non moins célèbre est la légende qu'Homère a poétisée, des compagnons ensorcelés d'Ulysse, pourceaux bondissant sous la baguette de Circé. Tous ont bu le breuvage et subi la métamorphose : — double symbole, et de la, déchéance à quoi sont prédestinées les natures passives dans le combat de la vie, et de la servitude où nous réduisent les passions physiques non équilibrées par une initiative toujours en éveil (car *passion* exprime un état *passif*). — Tous ont bu ; le seul Ulysse refuse de tremper la lèvre à la coupe enchantée, et — du ton calme dont a coutume la force consciente d'elle-même — le glaive levé dans un geste de menace, il commande à la magicienne de rompre le sortilège fluidique. Le prince, ici, représente l'Adepte, le maître des fluides, puisque habile à déjouer le piège, il sait imprimer aux ordres qu'il donne, le verbe autoritaire de sa volonté. En lui, Circé reconnaît l'homme plus fort que tous les enchantements, et la tête basse, obéit.

Plus sanguinaire et plus perverse, Médée aussi doit aux poètes le lamentable privilège de son illustration ; plusieurs ont chanté sa vie errante. Médée empoisonne ses proches, brûle et massacre ses enfants. Réfugiée à Athènes près du roi Égée qui la rend mère, elle donne libre essor à ses instincts de dépravation féroce et d'envie, confiante en l'impunité jusqu'au jour où ses crimes ayant soulevé l'indignation de la ville entière, — pâle sous les huées du peuple et sous une grêle de cailloux, la malheureuse est contrainte à fuir, l'œil allumé d'implacable haine, et serrant sur son sein l'unique enfant qu'elle ait épargné , comme un fruit deux fois sacré d'adultère et de vengeance.

Que l'histoire de ces deux sœurs en maléfices soit réelle ou légendaire, peu nous importe. Les individualités fabuleuses sont des types de synthèse morale où s'incarne le génie moyen d'une caste, et la souche exécrable des sagas de l'Hellade a fait éclore Médée dans un suprême épanouissement de sève. — Oui, les abominations que narre le peuple au sujet d'*empuses* et de *vampires* furent réalisées à la lettre par les sorcières de l'ancien monde, que la colère publique flétrissait d'ailleurs des noms de *stryge* et de *lamie*.

Mais passons sur ces horreurs. Si jamais on a pu confondre au moyen âge des monstres de cet acabit avec les vrais initiés, c'est que ceux-ci — je le répète — voués d'urgence au fagot, excommuniés *ipso facto*, traqués à la manière des bêtes fauves, se voyaient réduits à céder dans les ténèbres le mystère de leur douloureuse existence. Dès lors, la calomnie eut beau jeu. Mais pareille chose, Dieu merci ! n'était guère possible au temps où la théurgie remplissait les temples de merveilles ; où, calme et bienfaisant dans sa puissance illimitée , le mage trônait , inviolable comme un souverain, vénéré comme un Dieu... Méditez le livre magistral de M. de Saint-Yves d'Alveydre, *la Mission des Juifs* [6]. —

---

6   *La Mission des Juifs*, par le marquis de Saint-Yves d'Alveydre, 1 vol. grand in-8. Calmann-Lévy, 1884.

Religieux scrutateur des nécropoles du passé, interrogeant jusqu'aux moindres détails des races et des religions orientales, l'éminent occultiste établit, sur les plus irréfutables preuves, une vérité que Fabre d'Olivet [7] puis Éliphas Lévi [8] avaient, en d'excellents termes, fait entrevoir déjà : que la Genèse est une cosmogonie transcendante où les plus profonds arcanes de la sainte Kabbale sont symboliquement et hiéroglyphiquement révélés. Mais la Kabbale est fille de l'Hermétisme égyptien, dont les mythes primordiaux furent puisés à la grande source hindoue. M. de Saint-Yves ne fait donc point halte à Moïse ; il explore en navigateur le fleuve des temps révolus ; toutes voiles déployées, il remonte le cours des siècles jusqu'à l'origine du cycle de Ram.

Voici l'immense empire arbitral du Bélier. Son gouvernement « synarchique », dont l'organisation ternaire est conforme aux lois de la science et de l'harmonie, fait fleurir deux mille ans sur la terre l'âge d'or qu'Ovide a célébré. Des trois conseils chargés de la gestion des affaires, les deux premiers se recrutent, l'un parmi les hiérophantes admis à l'initiation suprême, l'autre parmi les adeptes laïques. — Ram n'a conquis le tiers du monde que pour le pacifier ; ce but atteint, il renonce au glaive, à la couronne, à l'étendard du Bélier, — en un mot, aux pouvoirs exécutif et militaire, qu'il abdique entre les mains du premier prince indien ; et, coiffant la tiare du Souverain Pontife universel, il arbore

---

7　*La langue hébraïque restituée*, 1816. 2 vol. in-4°.

8　*La Clef des Grands Mystères*, par Éliphas Lévi. Germer-Baillière, in-8, 1861.

l'oriflamme de l'Agneau — hiéroglyphe du sacerdoce. Ce réalisateur de la plus vaste synthèse que cervelle humaine ait pu concevoir, ce souverain du plus gigantesque empire civilisé que César osât convoiter en rêve, troque la couronne impériale contre le sceptre de mage des mages et la divinité terrestre ; car les hiérophantes exerçaient alors, on peut le dire, la divinité sur le microcosme.

Plus de trente siècles durant, jusqu'au schisme d'Irshou, le grand œuvre de Ram prospère dans l'ordre et la paix. Je veux transcrire ici l'énumération des métropoles religieuses de l'Empire, d'après M. de Saint-Yves.

— « Les sanctuaires les plus célèbres de cet ancien « culte lamique furent, *aux Indes*, ceux de Lanka, d'Ayodhia, « de Guyah, de Methra, de Dewarkash ; — dans *l'Iran*, ceux « de Vahr, de Balk, de Bamiyan ; — dans le *Thibet*, ceux du « mont Boutala et de Lassa ; — dans *la Tatarah*, ceux d'As- « trakan, de Gangawas, de Baharein ; — dans *la Kaldée*, ceux « de Ninweh, de Han, de Houn ; — dans *la Syrie* et *l'Ara-* « *bie*, ceux d'Askala, de Balbeck, de Mambyce, de Salem, de « Rama, de Mekka, de Sanah ; — en *Égypte*, ceux de Thèbes, « de Memphis et d'Ham-môn ; — en *Éthiopie*, ceux de Rapta, « de Meroë ; — dans la *Thrace*, ceux de l'Hémus, de Balkan « et de Concayon ou Gog-Hayoun ; — en *Grèce*, ceux du « Parnasse et de Delphes ; — en *Étrurie*, celui de Bolsène ; « — en *Osk-tan*, ancienne *Occitanie*, celui de Nîmes ; — « chez les *Ibériens d'Espagne*, frères des Hébreux et des *Ibériens* « *du Caucase*, ceux d'Huesca et Gadès ; — chez les *Golacks* « *(Gaulois)*, ceux de Bibracte, de Périgueux, de Chartres, etc... »

Cet extrait peut donner une idée de ce que fut l'Empire de Ram. Mais ce n'est point ici un essai d'histoire ; les curieux, qui demanderont au livre de M. de Saint-Yves le tableau complet de cette « synarchie arbitrale », seront pleinement édifiés sur son organisation, ses lois et ses destinées, de son origine à son apogée, de sa décadence à son démembrement ; — schisme d'Irshou le positiviste, qui veut scinder l'idée de Dieu et fait, à l'exclusion du principe actif et paternel, monter son encens vers le principe producteur passif ; tyrannie babylonienne et ninivite et fausse interprétation du dualisme de Zoroastre ; dynasties des Pharaons d'Égypte ; Chine de Fo-hi ; émigration des Hébreux dirigés par Moïse..., etc.

Pour suivre jusqu'à nos jours — fût-ce en courant — la transmission du sacerdoce magique, il faudrait des volumes. Sans prétendre même à esquisser une vue d'ensemble, nous nous bornerons à quelques traits.

A mesure qu'on avance dans l'histoire, on voit se disloquer l'universelle hiérarchie ; la multiplicité des schismes faire brèche de plus en plus à l'unité primitive ; et sur les ruines des grands collèges de mages — ces centres officiels de haute initiation psychique et morale, d'où rayonnaient jadis sur le monde pacifié la chaleur et la lumière — des adeptes individuels surgir. A l'enseignement général des universités occultes, succèdent des écoles privées de maîtres indépendants. Font exception, toutefois, quelques sanctuaires célèbres, — Delphes, Memphis, Préneste, Éleusis, etc... — dont l'inévitable écroulement est longtemps retardé, mais où le niveau de l'enseignement matérialisé baissé peu à peu.

Brisée par la chute du Suprême Pontificat universel,
la centralisation hiérarchique n'opposait plus à l'envahissement des passions sa digue tutélaire : les prêtres redevinrent des hommes. La pire des routines, celle de l'intelligence, élut domicile dans les temples ; à l'esprit, la lettre
se substitua. Les pontifes eurent bientôt perdu jusqu'à la
clef traditionnelle des hiéroglyphes sacrés ; — afin que fût
réalisée dans tout le monde connu la prophétie de Thôth,
le Trismégiste : — « Égypte, Égypte, il ne restera de tes
« religions que de vagues récits que la postérité ne croira
« plus, des mots gravés sur la pierre et racontant ta piété...
« Le Divin remontera au ciel, l'humanité abandonnée mour
« ra tout entière, et l'Égypte sera déserte et veuve d'hom
« mes et de dieux !... Elle, autrefois la *terre sainte*, aimée des
« dieux pour sa dévotion à leur culte, elle sera la perversion
« des saints, l'école de l'impiété, le modèle de toutes les vio
« lences. Alors, plein du dégoût des choses, l'homme n'aura
« plus pour le monde ni admiration ni amour [9]... »

Est-ce là vraiment la parole vibrante du légendaire personnage qui passe, sous le nom d'Hermès Thôth, pour
le triple fondateur de la religion, de la philosophie et de
la science égyptiennes ? — La critique moderne incline à
contester l'authenticité du *Poimandrès* (Pœmander), de *l'Asclépios*, et de la *Korê Kosmou* (Minerva mundi), ainsi que des

9   Hermès Trismégiste, traduction Louis Ménard, in-12. Didier, éditeur,
1867. *Asclépios*, pages 147, 148, *passim*.

autres fragments hermétiques. — En effet, n'y a-t-il pas erreur sur la personne? On sait que les hiérophantes se donnaient, avec la tiare, le nom d'Hermès et le surnom de Trismégiste. Puis, tels dogmes voisins de la doctrine chrétienne semblent trahir la plume d'un néoplatonicien..... Qu'on y prenne garde, cependant! Si le christianisme n'est qu'un mode nouveau de l'antique orthodoxie universelle, ces ressemblances se justifient autrement que par un plagiat. D'ailleurs, j'ai peine à voir, dans les philosophes d'Alexandrie, les auteurs de cette *Table d'Émeraude*, si magistralement initiatique — et je crois, pour ma part, à l'antiquité des fragments d'Hermès. C'est bien un hiérophante de la belle époque, qui plongeant aux lointains de l'avenir, crie malheur sur la terre des Pharaons, comme Jérémie sur la ville sainte des Hébreux. Je regrette d'avoir dû mutiler cette grande page ; mais chacun peut la lire dans l'*Asclépios*.

Jamais prédiction ne se réalisa plus étrangement. Cela est si vrai, qu'au dire d' « hommes sérieux » de ce siècle, les vieux Égyptiens *adoraient* les sphinx et autres animaux fantastiques dont on retrouve la figure sur les débris de leurs monuments. Un jour viendra sans doute, suppose Éliphas, ou quelque *occidentaliste* définira l'objet de notre culte : un triple dieu, composé d'un vieillard, d'un supplicié et d'un pigeon. — Ah! les iconoclastes, plutôt que les imbéciles! Brisons toutes les images symboliques, si jamais elles doivent dégénérer en idoles!... Quoi qu'il en soit, les penseurs pouvaient s'attendre à cette matérialisation du culte : prescrivant de ne transmettre les hauts mystères qu'à bon escient et par un enseignement oral, la loi magique exposait ses adeptes négligents à perdre l'intelligence des mythes sacrés. — « C'est justice pure, répondrait peut-être à ce grief un hiérophante des vieux âges. Périsse la science un jour, plutôt que de tomber en d'indignes mains !... »

S'il est vrai que les sanctuaires orthodoxes durent s'écrouler tous après une agonie d'inégale durée, quelques sociétés d'adeptes laïques se sont perpétuées du moins jusqu'à nous. Non que nous visions ici la franc-maçonnerie, dont l'origine adonhiramite et salomonienne parait plus que douteuse : il s'agit de rares collèges — cette association des Mahatmas, par exemple, que nous signale M. Louis Dramard dans sa brochure intitulée : *La science occulte et la doctrine ésotérique* [10]. — Passionnés pour un ascétisme panthéistique erroné peut être, mais remarquables pour leur synthèse cosmique et leur science étonnante de réalisation, les Mahatmas se succèdent, de temps immémorial, sur les hauts plateaux de l'Himalaya. C'est là qu'ils vivent dans la retraite et l'étude. La Société Théosophique, fort en prospérité dans les Indes Anglaises et tout l'empire Britannique, et qui pousse jusqu'à Paris plusieurs ramifications, se réclame de ces maîtres orientaux, — inspirateurs directs de l'intéressante revue (*The Theosophist*), qui s'est récemment fondée à Madras.

Mais retournons à l'ancien monde. Lorsque Moïse, prêtre d'Osiris, quitta l'Égypte, entraînant à sa suite la foule

---

10   In-8. — 1885. Carré, éditeur.

d'origine assez mêlée qu'il guida par le désert vers Chanaan, la décadence sacerdotale, à peine marquée dans Mizraïm, s'accentuait chez les autres peuples où l'usurpation schismatique avait dissous l'autorité arbitrale. La gangrène morale envahissait surtout le pays d'Assoûr, tyrannisé, depuis l'avènement de Ninus (2200 avant J.-C.) par une suite non interrompue de despotes conquérants.

Quelques siècles auparavant, s'étaient levés trois hommes : — aux Indes, Christna (3150) ; Zoroastre en Perse (3200) ; en Chine Fo-Hi (2950) ; — pour terrasser le sanglant nemrodisme et reconstituer partiellement l'antique théocratie du Bélier. Nous n'insisterons pas sur l'œuvre de régénération sociale qu'ont accomplie en Orient ces trois bienfaiteurs de l'humanité ; le lecteur curieux de détails pourra recourir au livre de M. de Saint-Yves, à la chronologie savante duquel nous sommes reconnaissants de faire des emprunts. Notons seulement, au point de vue hermétique, l'apparente réforme que Zoroastre, roi de Perse, fit subir à la théologie ésotérique. Ceux qui se sont occupés de religions orientales savent la signification hiéroglyphique des quatre lettres du divin tétragramme. — Symbole non point de l'Être absolu (que l'homme ne peut définir), mais bien de l'idée qu'il s'en fait [11], le mot יהוה *Iod-hévé* ou *Jéhovah*,

---

11   Et il ne peut s'en faire une idée qu'en l'envisageant dans sa manifestation première, qui est le *Verbe*. C'est ainsi qu'éveillant l'étincelle divine qui gît au plus profond de lui-même, l'homme apprend à se connaître, en nommant Dieu.

que les Kabbalistes épèlent lettre par lettre : « *iod, hé, vau, hé* » s'analyse ainsi :

י *Iod* : L'esprit mâle ; le principe créateur actif ; Dieu en soi ; le Bien. Il correspond au signe du phallus, au sceptre du tarot, et à la colonne Iakin du temple de Salomon. (En alchimie, c'est le soufre ⊖.)

ה *Hé* : la substance passive ; le principe producteur féminin ; l'âme universelle plastique ; la potentialité du Mal ; — figurés par le ctéis, la coupe des libations du tarot, et la colonne Boaz. (En alchimie, c'est le mercure ☿.)

ו *Vaf* ou *Vau* : l'union féconde des deux principes ; la copulation divine ; l'éternel devenir ; — représentés par le lingham, le caducée et l'épée du tarot. (En alchimie, c'est l'Azoth des Sages ☥.)

ה *Hé* : fécondité de la nature dans le monde sensible ; réalisations ultimes de la pensée incarnée dans les formes ; — le sicle du tarot. (En alchimie, c'est le sel ⊖.) Cette dernière lettre associe à l'idée de Dieu celle de l'univers, comme finalité : aussi le tétragramme Iêvê (*Iod-hévê*), si admirable d'ailleurs, est, en ce sens, d'une portée moins précise que le tétragramme אגלא (*Agia*), dont la quatrième lettre, exprimant la synthèse absolue de l'Être, affirme puissamment l'unité en Dieu.

Eh bien, Zoroastre réduisit, pour l'intelligence du vulgaire, les termes à deux : l'actif et le passif ; le bien et le mal. Supprimant ainsi, du moins en apparence, le principe équilibrant, il sembla créer l'empire du démon. Les Initiés, sans doute, savaient à quoi s'en tenir ; ils nommaient

Mithras-Mithra le troisième principe, qui maintient l'équilibre harmonique entre Ormuzd et Ahriman. Mais du jour que Zoroastre, à son insu peut-être, parut sanctionner la croyance au Binaire impur, symbole d'un éternel antagonisme, le règne de Satan fut établi dans l'imagination du populaire, et l'enfer manichéen qui terrorisera tout le moyen âge n'a point d'autre origine.

Cependant, loin qu'il voulût scinder Dieu, réagissant contre Irshou qui en l'Être avait divinisé la femme, Zoroastre masculinisa le second principe. Rien de passif, en effet, ne se peut concevoir dans les attributs de libre essentiellement actif et créateur. De même, aux yeux des Pères de l'Église — et pour le même motif — la seconde personne en Dieu, c'est le *fils*, et non la *mère*, que l'existence du fils suppose comme condition. C'est bien à tort, on le voit, qu'on a soupçonné Zoroastre de dualisme anarchique ; mais, aux yeux des profanes, le mal était fait, et l'enseignement erroné du second Zoroastre ne fut pas pour en pallier les conséquences.

Quant à Fo-hi, nous verrons comment ses Trigrammes correspondent au pantacle macrocosmique de Salomon : étoile à six pointes, formée de cieux triangles entrelacés à base parallèle — représentatifs des mystères de l'universel équilibre.

Mais — fermant cette longue parenthèse — revenons au fondateur des Benè-Israël.

Imbu des principes de l'orthodoxie dorienne, et confirmé dans cette doctrine par l'hiérophante arabe Iethro, son beau-père, — Moïse modela le gouvernement de son peuple sur l'ancien patron synarchique. Le *conseil de Dieu*, ou des prêtres d'Israël, se recruta dans la tribu désormais sacerdotale de Lévi ; et ce fut de l'assemblée des initiés laïques, ou *conseil des Dieux*, que surgirent plus tard nabis et prophètes, pour rappeler souverains et pontifes à leur devoir oublié.

Cependant, l'épopte-législateur éclipsa, toute sa vie, les membres des conseils créés par lui. Thaumaturge immense — tel que, jusqu'à l'avènement du Christ, Israël n'en vit se lever aucun pareil — Moïse illustra sa carrière par une multitude de prodiges, qui témoignent de son empire absolu sur les forces fluidiques et mystérieuses. Le roi des mages lui-même, Salomon, n'accomplit pas d'œuvres comparables aux siennes. Mais c'est dans les livres mosaïques (*Genèse, Exode, Lévitique, Nombres, Deutéronome*), que je vois le plus éblouissant, le plus immortel de ses miracles. Prés du Pentateuque, triple chef-d'œuvre de poésie, de science et de sagesse, les livres de Salomon sont un peu pâles. Rien, dans l'Ancien Testament, n'atteint à la hauteur de la révélation mosaïque, si ce n'est telles pages d'hermétisme épique, marquées au nom d'Ézéchiel. — Monuments sublimes, sans doute, de poésie orientale, l'Ecclésiaste et le *Cantique des Cantiques* [12] — qui sont passionnels, au demeurant, encore qu'à des titres fort divers, — semblent d'une science moins profonde et d'une moins lumineuse inspiration.

---

12 Encore Jacolliot a-t-il démontré que le *Cantique des Cantiques* n'est qu'une imitation inférieure du *Chant nuptial hindou* de Nourvady. — Voir : *Les Fils de Dieu*, par L. Jacolliot Lacroix, 1873, pages 169-173.

En Israël comme ailleurs, le sens ésotérique des primitives allégories se perdit peu à peu, et les grands prêtres ne comprenaient plus même le symbolisme du culte, quand Jésus-Christ vint ranimer l'éternel dogme qui sommeillait sous le voile déjà suranné de la révélation mosaïque, et lui donner un nouveau vêtement, plus conforme à l'âme mystique du monde rajeuni. — A cette mission divine, nous croyons prudent de ne pas toucher ici où la foi commence, peut-être conviendrait-il que la science toujours s'arrêtât, afin d'éviter de tristes malentendus. Récusons-nous donc au sujet des évangiles ; abstenons-nous, pour l'heure, d'en pénétrer le symbolisme, et chaque fois qu'au cours de cette rapide esquisse, il nous faudra toucher aux croyances religieuses, déclarons une fois pour toutes qu'aucunement compétent en matière de foi, nous envisageons les hommes et les faits du seul point de vue de la raison humaine, et sans jamais prétendre à dogmatiser.

Quelque cent ans à peine s'étaient écoulés de puis la mort du Christ. Son enseignement gagnait de proche en proche, et déjà — pour la paix future — le sang de ses martyrs avait baptisé les trois parties du monde connu ; quand les gentils, confondus des progrès de la foi chrétienne, statuèrent d'opposer Messie à Messie, et de dresser autel contre autel. La caducité des vieux cultes nécessitait impérieusement une nouvelle révélation. En vain Simon le thaumaturge avait-il peiné en conscience à la déification d'Hélène sa concubine et de sa propre personne ; un seul homme parut de taille à ce qu'on le posât en rival de Jésus de Nazareth..... Initié aux mystères de tous les temples du monde, Apollonius de Tyane avait semé les prodiges sous ses pas, et ce fut d'après les mémoires de Damis l'Assyrien, l'un de ses fidèles, que Philostrate (193) écrivit en grec l'évangile du mage [13]. — « *Spiritus flat ubi vult...* » Sur l'ingénieux recueil de savantes allégories, artistement narrées dans le meilleur style, l'esprit vivificateur ne souffla pas ; la foule n'alla point au mage Apollonius. Et victime, deux siècles plus tard (363), d'une tentative analogue de restauration théocratique, l'empereur Julien expirant put bien lever au ciel ses mains défaillantes, pleines d'un sang loyal inutilement répandu, et s'écrier, lui, l'adepte et le sage, avec plus de lassitude que de ressentiment : « Tu as vaincu, Galiléen !... »

Mais avant de suivre les initiés de notre ère sous les malédictions plus ou moins effectives du Christianisme triomphant, consacrons quelques lignes à la Grèce antique. Le cadre de cet essai nous interdit d'aborder ici l'immense épopée mythique dont Homère, Eschyle, Hésiode, ont célébré les poétiques légendes. Bornons-nous à saluer, dans un personnage dont la critique négative des modernes a révoqué l'existence en doute, le grand initiateur des races helléniques.

---

13   Mort en 79 après J.C. — Apollonius vivant eût certes rougi de jouer ainsi le personnage de l'Antéchrist. Malgré tout, ses sots enthousiastes n'ont point réussi à le ridiculiser. M. Chassang a donné (Paris, Didier 1876, in-12) une traduction française justement estimée de la *Vie d'Apollonius*, par Philostrate.

Contemporain de Moïse, élevé côte à côte avec lai dans un sanctuaire de Thèbes, Orphée retourna jeune encore en Hellade où il était né. — Sous l'œil sévère de Iod-hévê, tandis que Moïse et les siens foulaient les sables arides de l'Asie, — lui, prêtre-oracle du grand Zeus, revoyait l'archipel d'azur et la presqu'île natale, toute verdoyante de myrtes et d'oliviers. A sa chère patrie en proie au désordre, il rapportait la Science absolue, puisée aux sources mêmes de la sagesse — l'éternelle Science de l'Être Ineffable, qu'on le nomme Osiris, ou Zeus, ou Iod-hévê.

Lorsqu'il débarqua, modulant sur le luth à sept cordes son âme expansive et sonore d'apôtre et de rhapsode, la terre prédestinée frissonna toute, attentive à ses accents. Il prêcha l'évangile du Beau et convertit les peuples par le prestige de la lyre sainte ; une restauration théocratique fut cimentée. — De ce jour, révélé à lui-même, le Génie grec conçut l'harmonieux Idéal qui le sacre immortel entre tous.

L'harmonie est civilisatrice : aussi Virgile, un initié, nous montre-t-il l'aède en extase, faisant pleurer les bêtes fauves, dociles au magnétisme de sa voix, et frémir d'amour les chênes penchés pour l'entendre :

Mulcentem tigres et agentem carmine quercus.

L'harmonie est créatrice : la Thèbes d'Amphion, bâtie au son de la lyre, est d'un symbolisme analogue. Tous ces mythes ne sont pas sans profondeur, qui marquent à merveille quel caractère esthétique la magie revêtit en Grèce.

La doctrine de Pythagore est sœur de celle d'Orphée, comme les mathématiques patientes sont sœurs de la musique inspirée, dont elles analysent les accords et nombrent les vibrations. En Égypte, Pythagore se fait enseigner la Science déjà décadente des mages ; il reçoit en Judée, des nabis Ézéchiel et Daniel, une initiation parcimonieusement sincère [14]. Force est donc à son génie de combler par intuition ces lacunes. Quoi qu'il en soit, sa *Tétractys* et sa *Triade* correspondent avec rigueur au *Tétragramme* et au *Ternaire* kabbalistiques.

Quant à l'ésotérisme de Platon, développé plus tard et subtilisé par les théurges d'Alexandrie, il fusionnera chez les Gnostiques avec le christianisme occulte, immédiatement dérivé de la doctrine essénienne. Les œuvres de saint Clément d'Alexandrie, d'Origène, de saint Denys l'Aréopagite, et de l'évêque Synésius témoignent à n'en pas douter de cet échange dogmatique ; il semble qu'inconsciemment les héritiers de l'ancien monde aient traité de puissance à puissance avec les fondateurs du nouveau, pour préciser d'un commun accord un compromis philosophique. Chez saint Jean, nous retrouvons la tradition secrète, mais intégrale, des vieux maîtres en Israël ; à tel point que l'*Apocalypse* forme, avec le *Zohar*, le *Sepher Iétzirah* [15] et quelques pages d'Ézéchiel, le plus pur corps doctrinal et claviculaire de la Kabbale proprement dite.

14   Eliphas Lévi, *Histoire de la Magie*, 1 vol. Germer-Baillière, 1861 ; page 97.
15   Papus a donné du *Sepher-Ietzirah* une excellente traduction française, accompagnée d'un savant commentaire kabbalistique (Carré, 1888, gr. in-8°).

Au demeurant, et tout païens qu'ils se proclament, les Porphyre et les Iamblique prêchent le Christianisme sans le savoir, lorsqu'ils jettent les lambeaux d'un voile mythique défraîchi sur ces mêmes grands principes, que le symbolisme chrétien vient de revêtir si magnifiquement de nouvelles allégories, plus conformes au génie de l'ère naissante.

L'Église ne sut point, hélas! se réserver longtemps la clef de l'inestimable trésor confié à la garde de ses hauts prélats. Une pareille clef, — garantie de hiérarchique unité dans la main du Souverain Pontife (désormais indispensable comme révélateur); gage d'infaillible orthodoxie aux mains des Princes du sacerdoce (à même, dès lors, de tout contrôler au flambeau de la synthèse fondamentale); — une pareille clef — c'était celle du Bien et du Mal — ne pouvait ouvrir pour le vulgaire que le royaume des ténèbres. La raison transcendante du dogme est trop au-dessus du niveau intellectuel des masses, et les pires hérésies sont des vérités mal comprises.

Quelques initiés à la Gnose, jaloux de l'autorité hiérarchique, résolurent de lui faire perdre le trésor de la tradition occulte; leur malice s'évertua sournoisement à lever tous les voiles. Vint le jour où, révélé dans ses plus secrètes formules, le dogme ésotérique fut jeté en proie à la stupidité des foules. L'éblouissante lumière aveugla les yeux faibles: à la vue de la suprême sagesse, les ignorants se jugèrent blessés dans leur sottise; ils crièrent au scandale. Ainsi l'Église *dut* anathématiser l'inscription sublime du temple, la raison positive et la base réelle du dogme: cette Gnose sainte des adeptes, qui, témérairement traduite en la langue des multitudes, était devenue pour leur imbécillité l'objet du pire scandale — un mensonge!

Ah! que l'évêque Synésius avait raison d'écrire:

« — Le peuple se moquera toujours des vérités sim-
« ples; il a besoin d'impostures... Un esprit ami de la sagesse
« et qui contemple la vérité sans voiles, est contraint de la
« déguiser pour la faire accepter aux masses... La vérité de-
« vient funeste aux yeux trop faibles pour soutenir son
« éclat. Si les lois canoniques autorisent la réserve des ap-
« préciations et l'allégorie des paroles, j'accepterai la dignité
« épiscopale qu'on m'offre; mais à condition qu'il me sera
« loisible de philosopher chez moi, et de raconter au-dehors
« de réticentes paraboles. Que peuvent avoir de commun
« vraiment la vile multitude et la sublime sagesse? La vérité
« doit être cachée; il ne faut donner aux foules qu'un ensei-
« gnement proportionnel à leur intelligence bornée...[16] »

Voilà ce qu'anarchistes et tribuns ne comprendront jamais.

Bien que l'ésotérisme sacerdotal fût condamné sous le nom de Magie, les papes, dit-on, en conservèrent, jusqu'à Léon III, mystérieusement les clefs. Il serait difficile de contester l'authenticité de l'*Enchiridion*, recueil kabbalistique publié sous le nom de ce pontife; quant au *Grimoire d'Honorius*, c'est tout une autre chose: il appert d'une ingé-
nieuse enquête d'Éliphas Lévi, que ce rituel blasphématoire

---

16 Synésius, *Lettres*.

serait l'œuvre venimeusement machiavélique de l'anti-pape Cadalous.

Montan, Manès, Valentin, Marcos, Arius, — tous les hérésiarques de la première heure, nous apparaissent plus ou moins sorciers; mais à part les théosophes d'Alexandrie — seul Apulée (114-190), platonicien comme eux, mérite à cette époque le titre d'adepte. Son *Âne d'Or*, où le burlesque coudoie le sublime, dissimule, sous d'ingénieux emblèmes, les plus hautes vérités de la science, et la fable de *Psyché*, qui s'y lit enclose, ne le cède en rien aux plus beaux mythes d'Eschyle ou d'Homère: tout porte à soupçonner, d'ailleurs, qu'Apulée s'en tint à paraphraser avec goût une allégorie d'origine égyptienne. Né à Madaure, en Afrique, Apulée n'est romain que par droit de conquête et d'annexion. Ce fait m'incline à noter que Rome, si fertile en abominables nécromans, ne donna pas un vrai disciple d'Hermès. Qu'on ne m'objecte pas le nom d'Ovide; ses *Métamorphoses*, si gracieuses à tous égards, témoignent d'un ésotérisme bien erroné, pour ne pas dire bien naïf. Virgile — un initié, celui-là — soucieux avant tout de doter l'Italie d'un chef-d'œuvre épique, ne, laisse paraître qu'entre les lignes et par hasard le rayonnement de sa sagesse.

Pour la République et l'Empire de Rome, le caractère perpétuellement anarchique et nemrodien qu'ils accusèrent en toutes circonstances, proteste à lui seul contre l'hypothèse d'une initiation gouvernementale. L'unique roi vraiment « mage » dont se puissent enorgueillir les fils de la Louve, fut Numa Pompilius (714-671), un Nazaréen des

temples d'Étrurie [17], que les nations circonvoisines imposè-
rent à Rome naissante. Plus tard, Julien le philosophe (360-
363) figure aussi comme adepte dans les fastes de l'Empire ;
mais né à Constantinople, proclamé César par les Gaulois de Lutèce
(360), *il est aussi peu romain que possible.* — Tels se l'ombrent à
deux les souverains initiés de la ville éternelle : à son début,
un roi, Numa Pompilius ; Julien le Sage, un empereur, vers
son déclin. Entre les deux : la guerre civile, le brigandage et
l'arbitraire.

Ces Gaulois, que Rome flétrit du nom de barbares, sont
des peuples plus vraiment libres et civilisés. Leurs druides,
héritiers directs des hiérophantes occitaniens de la théocratie du Bélier, en perpétuent la tradition et se transmettent
régulièrement le dépôt de la science sacrée. Quelques pres-
criptions de leur rituel sont interprétées — il est vrai —
dans un sens anthropomorphe, erroné ; mais l'intelligence
du dogme semble s'être intégralement conservée chez ces
prêtres, éloignés cependant des grands centres de civilisation et d'orthodoxie. Néanmoins, en Gaule comme ailleurs,
la Goétie recrute ses vestales sacrilèges. La Goétie est de
tous les temps, comme de tous les pays.

Sous les premiers rois de France, enchanteurs et sorcières pullulent. Il n'est bruit que de nécromans pour offrir
l'hospitalité de leurs corps au diable ; que de clercs pour
exorciser le diable ; que de bourreaux pour brûler ou pen-
dre les nécromans. C'est spécialement en l'honneur des

---

17   Saint-Yves d'Alveydre, *Mission des Juifs*, page 738.

sorciers que Charlemagne institue, sous le nom de *Sainte Vehme* (772), cette formidable société secrète, qui, sanctionnée à nouveau par le roi Robert (1404), terrorisera plus de trente générations [18]. D'abord en Westphalie, puis dans toute l'Europe centrale, les tribunaux de francs-juges ne tardent pas à se multiplier. Les arrêts se prononcent en d'inaccessibles cavernes où, par des chemins détournés, le prévenu est conduit, les yeux bandés et la tête nue. Pas de sentence intermédiaire entre la mort et l'acquittement, avec ou sans réprimande... Comme aussi manants et seigneurs tremblent de lire sur leur porte, un matin, l'ordre de comparaître, cloué d'un coup de poignard! Malheur vraiment à qui n'obéit pas à la citation des francs-juges! Fût-il cardinal ou prince du sang, fût-il empereur d'Allemagne, il n'éludera point l'arrêt de mort prononcé par contumace, et sera frappé tôt ou tard. Le trait suivant fera voir la vengeance occulte attachée aux pas du récalcitrant — toujours patiente, car elle est assurée : — « Le duc Frédéric de Brunswick, qui fut empereur un instant, avait refusé de se rendre à une citation des francs-juges ; il ne sortait plus qu'armé de toutes pièces et entouré de gardes. Mais un jour, il s'écarta un peu de sa suite et eut besoin de se débarrasser d'une partie de son armure ; on ne le vit point revenir. Les gardes entrèrent dans le petit bois où le duc avait voulu être seul un instant ; le malheureux expirait, ayant dans les reins le poignard de la Sainte Vehme et la sentence pendue au poignard. On re-

---

18   La Sainte Vehme fonctionnait encore au commencement du XVIIIe siècle.

garda de tous côtés et l'on vit un homme masqué qui se re-
tirait d'un pas solennel; personne n'osa le poursuivre [19]. »

Au moyen âge, le Mal eut comme le Bien ses ligueurs
mystérieux et ses secrètes assemblées. Je n'aurais garde ici de
dépeindre — après tant d'autres! — les orgies priapesques
et sadiques du sabbat criminel: rendez-vous d'empoison-
neurs et de bandits, qui, sauvegardés par le prestige d'une
terreur superstitieuse, s'évertuaient à épaissir sur leurs agis-
sements les plus fantastiques ténèbres. — A lire le procès
de Gilles de Laval, seigneur de Retz, les cheveux dressent
sur la tête et la nausée monte aux lèvres; mais on entre de
plain-pied dans ce monde néfaste de la magie noire, où les
rites du sortilège servent à dissimuler des forfaits plus effectifs, où l'assassin se déguise en sorcier: sous le front du
seul maréchal de Bretagne ont germé, fleuri, fructifié toutes les dépravations, toutes les scélératesses coutumières
aux hôtes du sabbat; encore ceux-ci négligeaient-ils parfois
d'assaisonner au piment satanique le misérable ragoût de
leurs convoitises assouvies. L'on a peut-être exagéré le rôle
du magnétisme et des influences occultes dans les œuvres
du sabbat criminel; les vrais adeptes se réservaient, sans
nul doute, l'emploi de ce formidable agent. Quant aux ven-
deurs de philtres, c'étaient pour la plupart de banals empoi-
sonneurs.

Mais — à part les croisés occultes de l'Enfer et du
Crime et les chevaliers non moins occultes de la Justice et

---

19   Eliphas Lévi, *Histoire de la Magie*, pages 261-262.

du Châtiment : outre les nécromanciens et les francs-juges
— on vit des manants paisibles et d'inoffensifs bourgeois
se mêler comme acteurs à la grande tragi-comédie d'alors.
Comprimée par le despotisme des états et l'intolérance du
sacerdoce, l'activité vitale dut en effet, au moyen âge, se développer dans l'ombre. On prit des airs de conspirateur. Une
maladie sévit sur toutes les classes de la société : la mono-
manie du mystère et des réunions secrètes s'organisèrent de
toutes parts. Le merveilleux (on en était si avide !) décupla le
prestige d'un soi-disant sabbat, où les pauvres diables frater-
nisaient d'étrange sorte avec les plus grands seigneurs, que la
curiosité fascinait, plus forte que l'orgueil. En de nocturnes
conventicules, assez innocents d'ailleurs, auxquels des cérémonies étranges servaient de prétexte, on goûtait l'ineffable
joie de marcher à pas de loup, d'échanger le mot de passe
d'une voix sépulcrale et de courir fort le risque d'être pendu.

Cependant, sans souci de semer la crainte ou la stupeur,
dédaignant, quand ils le pouvaient sans danger, tout ce luxe
de mise en scène, les vrais initiés se réunissaient aussi, et la
grande Isis siégeait au milieu d'eux. Des associations hermétiques s'étaient fondées, qui devaient à des rubriques
d'emprunt le privilège d'une sécurité relative. Pour mémoire, nous citerons l'ordre des *Templiers* (nul n'en ignore
l'origine et la fin tragique) ; les confréries de *Rose-Croix* [20]
et de *Philosophes inconnus*, de qui l'histoire, en revanche, ne
dit que peu de chose ; et la *Franc-maçonnerie*, prolongement

---

20   Voir l'*Appendice* on y trouvera des détails sur la constitution actuelle de
la Rose-Croix (§ 4.)

plus ou moins direct de l'ordre du Temple, et dont Jacques
de Molay posa, dit-on, les premières assises, avant de monter au bûcher. Mais la moderne franc-maçonnerie — rêve
de quelque Asmohle en délire — tige bâtarde et mal gref-
fée sur l'ancienne souche — n'est plus consciente de ses
moindres mystères; les vieux symboles, qu'elle révère et
se transmet avec une pieuse routine, sont devenus lettre
morte pour elle : c'est une langue dont elle a perdu l'alphabet, en sorte que ses affidés ne soupçonnent pas plus d'où
ils viennent, qu'ils ne savent où ils vont [21].

En somme, si les grands collèges initiatiques ont été
les séminaires occultes de l'ancien monde, on n'en peut
dire autant des mystérieuses associations du moyen âge,
quelque puissamment que s'affirmât d'ailleurs leur vitalité.
Or donc, il advient qu'en Europe, après l'écroulement des
derniers sanctuaires, foyers de la synthèse hermétique, la
science universelle se scinde en trois rameaux, et l'on voit
paraître *les spécialistes*. A chacun sa branche. — Les adeptes
se passionnent : qui pour la kabbale, qui pour l'astrologie et
les sciences divinatoires, qui pour l'alchimie et la médecine
occulte. Quelques génies exceptionnels, cerveaux organi-
sés pour la synthèse, ressuscitent, à vrai dire, la doctrine des
mages en son intégralité : tels Raymond Lulle, Paracelse,

---

21 Les maçons commencent à comprendre le ridicule de leurs vaines
initiations. Les uns veulent la suppression du symbolisme; d'autres,
plus avisés, en veulent l'élucidation rationnelle. — Un *groupe de recherches
initiatiques* récemment éclos à l'instigation d'un maçon affilié à la véritable
Rose-Croix, M. Oswald Wirth, s'est assigné pour but de retrouver le *mot
perdu* des anciens mystères.

Henri Khunrath, Knorr de Rosenroth, Éliphas Lévi ; mais la plupart des occultistes, suivant leur tempérament spécial et les fluences prépondérantes de leurs milieux, se cantonnent dans l'une des trois sciences d'Hermès, dont, chacune correspond à l'un de ses trois mondes. — Les kabbalistes, fascinés par les grands problèmes métaphysiques, aspirent à la connaissance du *Monde Divin*. — Portés de préférence à la psychologie, les augures (et je range sous cette étiquette : devins, astrologues, chiromanciens, physiognomistes, cartomanciens, phrénologues), déchiffrent les problèmes du *Monde moral*. — Quant aux alchimistes, plus enclins à l'étude des lois de la physique matérielle, ils sont les scrutateurs du *Monde naturel* ou *sensible*.

Mais la primitive synthèse est une et cohésive à ce point, que tous ces savants, quelles que soient leurs préférences, se réclamant des mêmes axiomes, ramènent tout aux mêmes principes : et, pour pénétrer les mystères de la science qu'ils ont spécialement élue, ils doivent dresser d'abord l'échelle analogique des correspondances dans les trois mondes, et rebâtir intégralement ainsi — tout au moins durant leur période d'apprentissage — l'édifice hermétique des anciens maîtres.

Signalons en quelques traits les plus célèbres initiés du moyen âge et des temps modernes.

Sous Pépin leBref, c'est le kabbaliste Zédéchias, à la puissance fascinatrice de qui les hommes de cette époque attribuent les phénomènes dont ils sont terrifiés, disent les chroniques. « L'air est plein de figures humaines ; le ciel reflète des palais, des jardins, des flots agités, des vaisseaux les voiles au vent, des armées rangées en bataille. L'atmosphère ressemble à un grand rêve. On croit distinguer dans l'air des sorciers répandant à pleines mains les poudres malfaisantes et les poisons [22]. » — Ceux qui ont lu l'abbé de Villars savent que penser de cette orgie d'étranges visions, *photographiées* dans la lumière du soleil : à la suite de quelles perturbations fluidiques ces mirages se succèdent-ils, tour à tour éblouissants et terribles, pareils aux reflets coloriés d'une immense lanterne magique?... Toujours est-il qu'Hermès a écrit cet axiome : — « *Quæ superius, sicut et quæ inferius.* » Il est dans l'ordre que le ciel d'une époque troublée reflète l'incohérence des choses terrestres.

Au siècle de saint Louis, c'est le rabbin Jéchielé, électricien remarquable et doublement détesté des sots pour son génie et son crédit surprenant auprès du roi de France. Le soir — quand la lampe mystérieuse du mage rayonne [23] à sa fenêtre, comme une étoile de première grandeur — si ses ennemis, qu'enhardit la curiosité, assiègent tumultueusement sa porte, il touche un clou planté dans le mur de son cabinet : une vive étincelle en jaillit, crépitante et bleuâtre, — et malheur au pauvre indiscret qui secoue en ce moment le marteau du seuil ! Il se replie en hurlant sur lui-même, terrassé d'une force inconnue ; la foudre circule

---

22 Éliphas, *Hist. de la Magie*, p. 250.
23 L'on s'expliquait d'autant moins l'éblouissant éclat de cette lampe, qu'on l'avait vue s'allumer spontanément, et qu'on la savait dépourvue d'huile et de mèche.

en ses veines ; il semble que, subitement crevassé, le sol l'engloutisse à mi-corps... sitôt rétabli sur ses pieds, peut-être s'enfuit-il à toutes jambes, sans demander à la terre par quel miracle elle l'a vomi.

Le roi des magiciens de la légende, qui résolut, dit-on, le problème de l'androïde, est contemporain de Jéchiélé : c'est ce fameux Albert le Grand (1193-1280), sous le nom de qui circulent encore dans nos campagnes des recueils d'innombrables inepties [24]. — Toujours vers la même époque, paraît un génie universel, le moine Raymond Lulle de Palma (1235-1315). Élève en alchimie d'Arnauld de Villeneuve — héritier lui-même de la tradition arabe qui remonte à Geber, le *magister magistrorum* (VIIIe siècle), — Lulle a lumineusement développé dans ses écrits (son *Testament* surtout et son *Codicile*), cette belle théorie hermétique dont, un siècle pins tard, les principes devaient être engangués dans l'inextricable fatras symbolique de deux adeptes allemands : le comte Bernard le Trévisan et le moine Basile Valentin (1394) [25]. L'*Arbor Scientiæ* et l'*Ars Magna*, où Raymond Lulle condense toutes les connaissances de son temps ramenées aux principes de l'Esotérisme, l'attestent d'ailleurs grand maître kabbaliste, théologien et philosophe.

Le spagyrisme de Nicolas Flamel (mort en 1413) se réclame sans doute du système lullien, mais remonte en plus droite ligne à l'enseignement d'Abraham le Juif, dont

---

24   Le *Grand et le Petit Albert*, entre autres.

25   Voir notamment les *Douze Clefs* de Basile Valentin, suivie de l'*Azoth*, traduction française de 1660 (Paris, in-8, figures curieuses).

Éliphas a traduit l'œuvre (*Asch Mèzareph*), à la suite de sa *Clef des grands Mystères*. Flamel est avec Lulle, Khunrath, Philalèthe, Lascaris et quelques autres, un des réalisateurs absolus de la science, à qui l'on ne saurait contester — sans invalider tous les critériums de la certitude historique — des transmutations effectives et l'art réel de la projection philosophale.

Nous retournons à la Magie proprement dite avec l'abbé Tritheim (1462-1516), l'illustre auteur de la *Stéganographie* et du *Traité de causes secondes*, qui fut le maître et le protecteur de l' « Archisorcier », Corneille Agrippa (1486-1535). — Agrippa! Cet intrépide aventurier qui scandalisa son siècle, et traînant après lui l'odeur du fagot, n'y échappa que pour passer sous les verrous les deux tiers de son existence! Ce savant écervelé qui jamais n'atteignit à la paix de la *Totale Connaissance* [26], et renia, dans son livre: *de Vanitate Scientiarum* [27], cette grande confidente à laquelle il n'avait su faire dire son dernier mot!...

Paracelse (1493-1541) peut compter parmi ces omniscients à qui la clef de tous les arcanes échoit en partage, et qui marchent dans la vie, escortés par toutes les gloires, dans un feu roulant de prodiges: quand ils meurent — jeunes, comme tous ceux-là qui sont aimés des dieux — le peuple qu'ils émerveillaient ne croit pas à leur mort, et s'attend à

---

26 Son principal ouvrage est sa *Philosophie occulte*, traduite en français au commencement du XVIIIe siècle (La Haye, 1727, 2 volumes in-8, figures).
27 Traduit en français par M. de Gueudeville (Leyde 1726, 3 volumes in-12, portrait).

les voir surgir tout à l'heure, disant: me voilà! ... Mais les générations se succèdent, les événements se précipitent, et la tradition du demi-dieu s'éteint chez les hommes prompts à l'oubli. Trois siècles ont coulé: qui pense à Paracelse? Le seul Michelet lui a rendu justice... Quand le Magnétisme, un jour mieux connu dans son essence, aura révélé au monde la Médecine Sympathique, les esprits familiarisés avec l'œuvre du Maure s'étonneront du discrédit où tomba la mémoire d'un si miraculeux adepte. Au lecteur attentif, sa *Philosophie occulte* dévoilera les derniers secrets de la Magie scientifique; son *Sentier Chymique* dont Sendivogius a fait circuler une copie sous le manteau [28], paraîtra le plus pur chef-d'œuvre hermétique des temps modernes. Sa thérapeutique enfin (qui est l'art d'équilibrer les émissions fluidiques en sympathie avec l'influx astral, ou de centupler l'efficacité curative du magnétisme humain, en réglant son usage suivant les lois invariables du magnétisme universel), sa thérapeutique sera comprise et l'on verra pâlir l'auréole de Mesmer. Que n'a-t-on pas surfait la médecine occulte de ce vulgarisateur — toute d'indécision et de tâtonnements — sans songer que J.-B. Van Helmont (pour ne citer que celui-là), publiait dès 1621 son savant traité de *Magneticâ vulnerum curatione!* — Mais Colomb a-t-il donné son nom à l'Amérique, ou si c'est Vespuce? N'en est-il pas toujours ainsi?

---

28   Le manuscrit original est à la Bibliothèque du Vatican. — Les œuvres complètes de Paracelse ont été publiées à Genève (1658, 3 vol. in-folio, fig...).

Universel comme Paracelse, Henri Khunrath (1560-1605) a condensé la science synthétique des mages dans un petit in-folio superbement imprimé en 1609 [29]. Je n'ai rien lu de plus personnel, de plus attachant que cet *Amphitheatrum Sapientiæ Æternæ* [30]. Autour des plus sereines pensées, rampe tortueusement un style âpre, exalté, presque barbare, mais d'un relief miroitant à la Tertullien. Merveilleux contraste ! Il semble que le Verbe acharné prenne l'idée d'assaut ; mais qu'on ne se rebute pas aux rocailles de la forme l'idée occulte s'irradie soudain pour qui sait là surprendre, et sur le tumulte épique des vocables, verse à flots de lumière l'ineffable idéal. Sous figure de paraphraser les proverbes de Salomon, le texte mystique commente les plus hautes doctrines de la Kabbale spéculative et neuf étonnants pantacles symbolisent, suivant l'usage des maîtres, les derniers arcanes. Si Khunrath se dirige, dans la pratique, au flambeau de la théorie, encore contrôle infatigablement — chose rare à son époque — la théorie par l'expérience ainsi répète-t-il à tout propos : — « *Theosophice in oratorio, physicochemice in laboratorio, uti philosophum decet, REM tractavi, examinavi, trituravi...* » Deux opuscules posthumes de Khunrath : *Confessio de Chao Chemicorum et Signatura Magnesiæ* (Agentorati 1649), sont d'indispensables manuels à tous étudiants souffleurs.

---

29   L'approbation royale qui s'y trouve annexée est datée de 1598.

30   Lire dans l'*Appendice*, pages 91-137, la description minutieuse de cet ouvrage important, et l'explication des deux pantacles reproduits au commencement de notre brochure.

Sans stationner à l'astrologue Jérôme Cardan (1501-1576), connu pour son estimable traité *De Subtilitate* [31], sans parler, à mon grand regret, du docte moine Guillaume Postel (1510-1581), dont la *Clavis absconditorum a contitutione mundi* [32] ouvre la porte, toujours condamnée pour le « profanum valgus », de l'orthodoxie synthétique ; sans louer, comme il conviendrait, le *Basilica chemica* et le *Livre des signatures* [33], où Oswald Croll (15..-1609) crée une splendide théorie du monde, dont Gaillard, l'astrologue de Richelieu, glane quelques débris pour sa compilation *des Curiositez inouïes* ; — j'en passe, et des meilleurs — je salue ici le grand initié Knorr de Rosenroth (1636-1689), à qui la postérité doit un recueil kabbalistique, presque introuvable de nos jours, qu'on peut qualifier d'inestimable et d'unique. Interprétation du Zohar, anthologie des ouvrages les plus rares et sublimes de l'antique Kabbale, et lumineux commentaire sur ce trésor doctrinal, la *Kabbala Denudata* (Sulzbaci, 1677, et Francofurti 1684, 3 vol. in-4°) forme, avec la collection de Pistorius et tels manuscrits hébreux, le compendium vraiment classique des sciences hermético-chaldéennes.

Vers cette époque, les adeptes se multiplient à tel point, que les énumérer tous nous entraînerait fort au-delà de notre cadre.

---

31   Traduit en français par Richard le Blanc (Paris 1578, in-8, figures).

32   msterdam, 1646, petit in-12, figures.

33   Tous deux ont été traduits en français par François Marcel (Rouen, 1634, in-12).

Nous ne ferons mention ni des alchimistes purs, dont plusieurs cependant, tels que Sendivogius (1566-1646) et Philalèthe (1612-1680) passent pour avoir réalisé la pierre philosophale ; ni des mystiques anglais et allemands qui pullulent surtout au xviiie siècle. Retenons cependant pour mémoire les noms du Président d'Espagne, dont l'*Enchiridion physicæ restitutæ*, traduit en français l'an 1651 (Paris, in-12°), résume sous une forme très condensée la philosophie synthétique d'Hermès ; et du cordonnier de Goërlitz, Jacob Böhme (1575-1625), qui fut le maître posthume de Claude de Saint-Martin.

Nous avons été injustes pour Saint-Martin (1743-1803) dans la première édition de cet essai : nous le jugions alors sur la lecture hâtive et trop superficielle *des Erreurs et de la Vérité* (1775), livre de début, fatigant et filandreux, où d'excellentes pages sont compromises par un parti-pris d'obscurité et des airs de mystère, dont l'auteur a su se défaire par la suite. Son *Tableau naturel* (1782), basé sur les clefs du Tarot, son *Nouvel homme* (1792) et surtout ses dernières productions, l'*Esprit des choses* (1800) et le *Ministère de l'homme-esprit* (1802), où l'influence de Böhme prend décidément le dessus sur celle moins pure d'un premier maître [34], témoignent de l'initiation du marquis de Saint-Martin aux plus hauts arcanes traditonnels.

---

34 Martinez Pascalis, auteur : d'un traité inédit *de la Réintégration*, dont M. Adolphe Franck a publié le premier chapitre à la suite de son excellent livre *de la Philosophie mystique en France*. (Paris 18657 in-12.)

Presque à la même époque, un autre adepte, le ministre génevois Dutoit-Mambrini, publiait, sous le pseudonyme de Keleph ben Nathan, un livre à coup sûr mêlé d'erreurs, mais que son titre seul, rapproché de la date de son apparition, recommande assez éloquemment au respect attentif de tous les chercheurs, curieux des choses de l'occultisme : *La philosophie divine, appliquée aux lumières naturelle, magique, astrale, surnaturelle, céleste et divine ; ou aux immuables vérités que Dieu a révélées dans le triple miroir analogique de l'univers, de l'homme et de la révélation écrite* (1793, 3 volumes in-8°).

Quelques années avant la grande Révolution, l'Europe avait été sillonnée de personnages mystérieux, dont nous avons marqué ailleurs le caractère équivoque [35] tels Saint-Germain, Mesmer et Cagliostro. Réalisateur extraordinaire, mais esprit bizarre, extravagant, fumeux, autant qu'érudit et original, Joseph Balsamo, comte de Cagliostro, ne mérite pas plus que les cieux autres le titre d'adepte supérieur. Ni Lavater, le prophète de Zurich (1741-1801), restaurateur de la Physiognomonie et correspondant mystique de l'impératrice Marie de Russie ; — ni Swedemborg (1688-1772), illuminé souvent génial, mais fantasque et téméraire, n'y peuvent prétendre davantage.

Nous en dirons autant du poète initié Jacques Cazotte (1720-1792). Son *Diable amoureux*, où la passion est kabbalistiquement analysée, suffit à lui assurer l'estime et la sympathie, non l'admiration des adeptes. Bien plus que par

---

35   *L'Initiation*, revue dirigée par Papus. — N° 7, pages 24-29.

ses ouvrages et même par ses prophéties célèbres, Cazotte appartient à l'histoire de la magie par les circonstances étonnantes de son procès et de sa mort, que nous avons détaillées dans le n° 7 de l'*Initiation* [36].

Sur le seuil de l'Empire, apparaît la figure énigmatique de Delormel, à qui son livre de la *Grande Période* (Paris, 1805, in-8°), à tous égards si remarquable, valut la mort violente des parjures et des révélateurs.

Connu dès longtemps pour quelques essais fort médiocres de littérature et de poésie, Fabre d'Olivet (1767-1825) entre vers la même époque dans la carrière philosophique, où l'immortalité l'attend. L'initiation pythagoricienne, reçue par lui en Allemagne sous le règne de la Terreur, a déterminé ce nouvel essor de sa pensée. En vain Napoléon, mieux instruit que personne au monde des périls que peut faire courir au despotisme la diffusion des vérités occultes, en vain Napoléon, l'ennemi personnel du théosophe, l'honore-t-il de ses incessantes persécutions : Fabre d'Olivet déjoue la rancune de César et sait éviter tous ses pièges. Il trouve moyen d'éluder jusqu'à la censure impériale et publie coup sur coup ses *Notions sur le sens de l'ouïe* (1811, in-8°), son merveilleux commentaire des *Vers dorés de Pythagore* (1813, in-8°), enfin en 1815 son chef-d'œuvre immortel : *La langue hébraïque restituée* (2 vol. in-4°). Fort des recherches antérieures de Volney, de Dupuis, de d'Herbelot et surtout de l'illustre Court de Gébelin, il remonte à l'origine de la

---

36 *La vengeance des Templiers et le procès de Jacques Cazotte*, par Stanislas de Guaita.

parole, et rebâtit, sur la base d'une érudition vraiment colossale, l'édifice — écroulé depuis plus de trois mille ans —
de l'hébreu primitif et hiéroglyphique. Puis, appliquant à
la Cosmogonie de Moïse (vulgairement la Genèse), la clef
retrouvée par lui dans les sanctuaires de l'Égypte, il pénètre
au cœur de cette nécropole, où gisent, ensevelies sous la
poudre des âges, la sagesse et la science intégrales de l'antique Orient. Traducteur de Moïse, il appuie chaque mot
d'un commentaire scientifique, historique et grammatical,
pour en faire jaillir les trois sens littéral, figuré et hiéroglyphique, correspondant aux trois mondes de l'ancienne
magie : le naturel, le psychique et le divin.

Mais il ne borne pas là ses travaux de théosophie et d'érudition. Son *Histoire philosophique du genre humain*, parue en 1822
(2 vol. in-8°), révèle au lecteur les arcanes du Père, du Fils et
du Saint-Esprit [37] dans leurs rapports avec l'évolution sociale
et la politique universelle. Il s'est tracé un cadre, un champ
d'application bien circonscrit, où faire agir ces Principes et
déployer leurs conséquences ; ce cadre, c'est l'histoire de la
race blanche ou boréenne, la nôtre : en 700 pages, il condense et résume les destinées de cette race, dont il manifeste le
développement progressif et normal, à travers le Temps et
l'Étendue. Les œuvres du marquis de Saint-Yves d'Alveydre, auxquelles d'ailleurs nous ne manquerons jamais de
solder un juste tribut d'admiration et d'éloges, sont la magnifique paraphrase et comme la mise au point des travaux

---

37   D'Olivet manifeste ces trois Principes par la révélation des facilités qui
leur correspondent : *Providence, Volonté de l'Homme et Destin.*

de Fabre d'Olivet. La mort frappa le restaurateur de la *langue hébraïque*, comme il préparait, en guise de complément indispensable à la plus gigantesque de ses productions, des *Commentaires de la Cosmogonie de Moïse*. On assure que le précieux manuscrit n'est pas perdu. Au reste, les remarques critiques placées par Fabre d'Olivet à la suite du dernier ouvrage qu'il publia — une traduction en vers eumolpiques du *Caïn* de lord Byron (Paris, 1823, in-8) — peuvent suppléer aux commentaires inédits, en livrant l'intime pensée du théosophe sur plusieurs points demeurés obscurs.

Ce n'est pas en vain que Fabre d'Olivet donna l'exemple à notre siècle, d'un retour aux hautes spéculations de l'occultisme. La Restauration avait déjà vu surgir plusieurs écoles mystiques, d'un ésotérisme bien bâtard, il est vrai... le milieu du siècle vit mieux. Cependant que le père Enfantin faisait jeter au Saint-Simonisme expirant un radieux mais fugitif éclat; et que Victor Considérant rajeunissait la théorie de Fourier — ces efforts ne sont pas sans intérêt — d'infatigables chercheurs creusaient d'autre part des galeries en tous sens, à travers les catacombes éboulées de l'antique magie. Citons Hœné Wronski, l'apôtre du *Messianisme* et le restaurateur de la *Philosophie absolue*; Lacuria, le métaphysicien des *Harmonies de l'Être*; Ragon, le seul profond de tous les mystagogues de la Franc-maçonnerie. D'autres, comme Louis Lucas [38], la tête la plus audacieuse de la science

---

38   *Acoustique nouvelle* (Paris, l'auteur, 1854, in-12); *La Chimie nouvelle* (1854, in-12), *Le Roman Alchimique* (1857, in-12), enfin la *Médecine Nouvelle* (1862, 2 vol. in-12).

contemporaine, étaient amenés par l'expérience même à vérifier ces grandes lois que les alchimistes n'avaient formulées peut-être que par induction.

Mais tous ces philosophes, tous ces érudits, tous ces savants, chargés pour la plupart d'une éblouissante gerbe de découvertes, je les vois tous groupés autour du grand moissonneur de la lumière ; je les vois faisant escorte à un adepte qui les dépasse de la tête et semble, parmi ces hauts barons de l'Esotérisme rénové, le *Prince charmant*, époux par droit de conquête de cette Belle au bois, qui a nom la Vérité traditionnelle !

En effet de nos jours, un génie s'est manifesté pour rebâtir, plus somptueux et colossal que jamais, le temple de Salomon-roi. Pensée vaste et synthétique, style lumineux et riche, imperturbable logique et science sûre d'elle-même, Éliphas Lévi [39] est un magiste complet. Les cercles concentriques de son œuvre embrassent la science entière, et chacun de ses livres, témoignant d'une signification précise, a sa raison d'être absolue. Son *Dogme* enseigne ; son *Rituel* prescrit ; son *Histoire* adapte ; sa *Clef des grands mystères* explique ; ses *Fables et Symboles* révèlent [40] ; son *Sorcier de Meudon* prêche d'exemple ; enfin sa *Science des Esprits* apporte la solution des plus hauts problèmes métaphysiques. Ainsi, sous la plume d'Éliphas, la magie se trouve exposée à tous ses points de vue : l'œuvre totale, dont chaque traité est une facette, constitue la plus cohésive, absolue et inattaquable

---

39   Alphonse-Louis Constant (1810-1875).
40   Au vrai sens étymologique *Re-velare*, revoiler, symboliser à nouveau.

synthèse qu'un occultiste puisse rêver... Et ce penseur magnifique se donne la fantaisie d'être un grand artiste par
surcroît! De son style chaud, large, éloquent — précis
jusqu'au scrupule, hardi jusqu'à la licence — il enserre la
pensée plus large et plus hardie encore. Les mots « sugges-
tifs » abondent: où de vertigineux aperçus déroutent l'ex-
pression verbale, où d'évasives nuances défient la langue
abstraite, la rigueur exacte d'une métaphore nouvelle fixe le
flottant, précise l'incertain, définit l'immense, nombre l'in-
nombrable.

Mais à parcourir en tous sens les trois mondes métaphysique, moral et naturel, Éliphas Lévi ne stationne guère ; le
grand courant centralisateur l'entraîne, et bien des questions qu'il effleure vaudraient qu'on les développât. Telles
l'histoire des origines asiatiques de l'occultisme et la théorie
sociale, qui sont à peine indiquées.

Or ces deux points capitaux, déjà fort éclaircis par Fabre
d'Olivet, sont mis en lumière par un magiste contemporain d'une compétence profonde, le marquis de Saint-Yves
d'Alveydre [41] ; de telle sorte que les œuvres de ces trois
adeptes se complètent et se commentent fort heureuse-
ment. Toutefois la synthèse sociale qu'esquisse Éliphas en
quelques pages de son œuvre semble différer de celle que
M. de Saint-Yves soutient vaillamment depuis six années et
fera peut-être prévaloir : la forme idéale du gouvernement
est, aux yeux de ce dernier, celle qu'il nomme *synarchique*,

---

41 Né en 1842.

c'est-à-dire en harmonie avec les principes éternels. — L'administration de chaque pays serait confiée à trois collèges de spécialistes : les Doctrinaires enseignants (conseil des Églises) ; — les Législateurs juristes (conseil des États) ; — les Notables économistes (conseil des Communes). — Voilà pour la synarchie nationale. D'autre part, trois conseils hiérarchiquement supérieurs, mais essentiellement correspondants à ceux-là, seraient chargés de l'administration centrale de la synarchie européenne. Chaque nation conservant ainsi son autonomie, gérerait ses propres affaires, et la grande assemblée de civilisation générale veillerait à l'équitable gestion des intérêts communs. Alors l'Équilibre Européen, cette chimère du passé, deviendrait une réalité dans l'avenir, — et ce serait l'avènement du règne messianique sur la terre. Telle est, en substance, cette théorie magnifiquement cabalistique ; car, selon la loi d'Hermès, les choses d'en bas doivent être analogues à celles d'en haut, et le *microcosme* reproduire un *macrocosme* en miniature : or, miroir de la divinité même, l'humanité, triple et une, serait régie par le ternaire, et marquée, par addition de son unité spécifique, au signe du quaternaire.

Tout autre en apparence, la théorie d'Éliphas se réclame de la loi des contraires. — De même qu'en Dieu l'on conçoit sagesse et miséricorde, on distingue en l'homme intelligence et amour. La science est l'aliment de l'intelligence, et la foi la nourriture de l'amour. Imaginons, sur ces données, le gouvernement du monde : c'est Léon III et Charlemagne, le Pape et l'Empereur : l'autel sanctifiant le

trône, le trône soutenant l'autel. Pôle positif, pôle négatif...
c'est ici, à première vue, la loi du Binaire. Non toutefois
pour ceux qui croient à l'intervention divine dans les choses
terrestres. Le Binaire, sous peine d'être anarchique, se doit
résoudre par le Ternaire : là-haut *Kether* (l'Intelligence suprême, reflétée en *Tiphereth* (l'Adam harmonieux et idéal),
maintiendra l'équilibre entre *Geburah* (la Justice *l'Empire*),
et *Hesed* (la Miséricorde : *la Papauté*). Et si le système de M.
de Saint-Yves est une belle synthèse de l'humanité triple
et une, — Éliphas Lévi, désignant l'Être Ineffable comme
agent suprême de l'équilibre, imagine une synthèse plus
large peut-être encore : il soude la terre au ciel, et l'humanité ne fait plus qu'un avec son Dieu !

A la suite de cette esquisse à peine tracée, une conclusion serait téméraire : les doctrines des deux maîtres sont
essentiellement hermétiques toutes deux, puisqu'elles réalisent à vrai dire le nombre trois, nombre sacré qui donne
quatre par addition de l'unité synthétique.

Quoi qu'il en soit, l'œuvre du marquis de Saint-Yves
est courageuse, et son opportunité bien digne de la clair-
voyance d'un *Epopte*. Il était urgent que ces *Missions* [42]
fûssent prêchées aux enfants d'une race qui a perdu le sens
de la Hiérarchie, le culte de la Tradition et jusqu'au respect de l'idée pure. Siècle décadent, race déchue : attardés
à l'exclusive préoccupation des faits brutaux accumulés, les

---

42 *Mission des Souverains par l'un d'eux ; Mission des Ouvriers ; Mission des Juifs ;*
par le marquis de Saint-Yves d'Alveydre ; Calman Lévy, 3 vol. grand in-8.
La France vraie, 1887, 2 vol. in-12.

Égrégores même, myopes à force d'analyse, sont impuissants à rien voir au-delà du contingent; l'idéalisme n'a plus
guère pour défenseurs que des maladroits ou des timides
— tranchons le mot: des médiocres. Quant à l'Occultisme,
en voie de se dépraver, sous couleur de vulgarisation,
entre les mains des rêveurs et des charlatans, à peine de
rares écrivains demeurent-ils dans la logique de son orthodoxie [43]. L'on doit signaler, au premier rang de ceux-là, M.
Joséphin Péladan: dans ses audacieuses études [44] qui nous
donnent « l'Éthopée de la Décadence Latine », il ne recule
pas à produire les grandes théories kabbalistiques — et
tout est significatif, jusqu'à où figure symbolisé, sous une
forme neuve et dramatique, l'éternel courbât d'Œdipe et du
Sphinx: l'homme aux prises avec le Mystère. Mérodack (du
Vice Suprême) est un Louis Lambert d'action, et *Curieuse* fait
songer à *Séraphîstüs-Séraphîta*; mais ce mystère que Balzac
balbutiait d'intuition, M. Péladan le formule avec la har-
diesse et l'autorité sereine de celui qui sait, non plus avec
le fiévreux entraînement de celui qui devine: si bien que
déjà l'on distingue, à travers les modernes emblèmes du
roman synthétique, la doctrine occulte dont le jeune adepte
nous donnera l'exposition technique et raisonnée dans
son *Amphithéâtre des Sciences Mortes*. Relevant de l'initiation

---

43   Je laisse subsister cette phrase, telle que je l'ai écrite en 1886; mais on
va voir que depuis lors, tout a bien changé.
44   *Le Vice suprême; Curieuse;* par Joséphin Péladan, 2 vol. in-12, Laurent,
éditeur. *L'initiation sentimentale, A cœur perdu, Istar*, 4 vol.in-12, Edinger
éditeur. — *La Victoire du Mari*, in-12, Dentu.

kabbaliste, M. Péladan doit être distingué, comme tel, de magistes anglais ou français — fort estimables d'ailleurs et érudits — qui puisent à la source moins pure de l'Ésotérisme hindou : nous avons déjà cité M. Louis Dramard, et devons une mention spéciale à la présidente de la Société Théosophique d'Orient et d'Occident [45] : Lady Kaithness, duchesse de Pomar, à qui revient l'honneur d'avoir clairement expliqué, en de substantielles notices [46], les dogmes fondamentaux d'une religion que la luxuriante imagination des héritiers de Çakya-Mouni avait enchevêtrée de mythes si complexes.

Depuis la première édition du présent ouvrage, parue en 1886, le courant s'est accentué, très net, qui porte les curieux à l'étude de l'occultisme. En dépit de toute l'antiquité sacrée et des rares apôtres contemporains dont nous avons tracé les noms, la magie était alors presque ignorée du grand public.

Une véritable forêt vierge semblait défendre l'accès des temples en ruine, incrustés des hiéroglyphes d'une science perdue. Et si quelque aventureux archéologue du mystère se risquait à leur découverte, il lui fallait s'ouvrir un passage à travers l'enchevêtrement des lianes et braver à chaque pas l'opiniâtreté des ronces inhospitalières...

---

45   En dépit de son titre pompeux, ce n'est là qu'une branche française, relevant comme toutes les autres, de la société-mère d'Adyar-Madras.

46   *La Théosophie Universelle et la Théosophie Bouddhiste ; Fragments glanés dans la Théosophie Occulte*, par Lady Kaithness, duchesse de Pomar. 2 vol. in-8. Carré, éditeur, 1886.

A cette heure, l'aspect général s'est modifié prodigieusement, — et grâce aux nombreux défricheurs de ces inextricables abords, que de lumineuses avenues se croisent aujourd'hui, là où les ténèbres s'épaississaient hier encore!

Cependant, en fait de vulgarisation, la France était demeurée notablement en arrière des autres pays de l'Europe et même du nouveau Monde: en Allemagne, en Angleterre, aux États-Unis, jusque dans l'Amérique du Sud, comme dans l'Inde et d'autres contrées d'Orient, la *Société Théosophique* répandait, depuis nombre d'années déjà, les enseignements du Bouddhisme renouvelé. Dépositaire direct des traditions thibétaines, Mme H.-P. Blavatsky, la fondatrice de cette société prospère, donnait en divers lieux, la mesure d'une compétence réelle: sa surprenante érudition, puisée à des sources inconnues, faisait à la fois la stupéfaction et le scandale de l'Europe savante, et l'aisance avec laquelle sa fantaisie semblait se jouer des forces occultes, dans la production des plus étranges phénomènes [47], ne provoquait pas moins autour d'elle des explosions de calomnies que des concerts de louanges. Diverses légendes, plus incroyables les unes que les autres, circulaient alors sur le compte de cette inquiétante personnalité. Elle avait le

---

47   Mme Blavatsky produit à volonté, ou à peu près, tous les phénomènes des Spirites et des Médiums. Elle commande aux forces que ceux-ci subissent: là où ils sont esclaves, elle est maîtresse. — Comme penseur, Mme Blavatsky est remarquable surtout par des facultés psychiques et intellectuelles d'assimilation qui font d'elle un problème à jamais insoluble pour les profanes. En revanche, elle offre aux occultistes un sujet d'études du plus précieux intérêt.

don de passionner les esprits : pour elle ou contre elle, tous prenaient violemment parti. D'ailleurs, aux soupçons injurieux des calomniateurs comme au persiflage de la critique, elle a toujours opposé une triomphante réponse, coutumière aux puissants cerveaux : c'est par des œuvres qu'elle réplique.

Il y a dix ans, l'*Isis unveiled* de Mme Blavatsky apportait au public anglais les premières révélations de la haute science thibétaine ; l'*Esoteric Buddhism* de son disciple Sinnett fournissait à ce beau livre un commentaire digne de lui. — Mme Blavatsky complète aujourd'hui son enseignement par la mise au jour progressive d'une œuvre de proportions imposantes : *The Secret Doctrine* (5 volumes in-8°).

Maintenant que, d'une plume loyale et, quoique Kabbaliste [48] sans aucun parti pris de dénigrement, nous avons rendu à l'œuvre de Mme Blavatsky, un hommage que

---

48   Dans le n° 6 de la *Revue théosophique*, Mme Blavatsky veut bien prendre à parti les Kabbalistes, nommément les *Kabbalistes français*. Quoiqu'en grand nombre, affirme-t-elle, dans la *Société Théosophique*, ils n'ont encore réalisé aucun bien, ni rendu aucun service. Ce sont des égoïstes qui poussent l'orgueil jusqu'au délire : apôtre d'un individualisme risible et gravement naïf, chacun d'eux se divinise en dénigrant son voisin, etc...

La bienveillante philippique de Mme Blavatsky se prolonge ainsi des pages durant, et aboutit naturellement à immoler la Kabbale, cette *faiblarde* Kabbale (falsifiée d'ailleurs, comme on sait, par Moïse de Léon !), sur l'autel de l'Esotérisme hindou.

Nous avons le regret d'insinuer à Mme Blavatsky, que ce pourraient bien être les *Théosophes*, qui ont offert et offrent encore aux Kabbalistes le spectacle écœurant des petites guerres, des petits schismes, des petites chapelles... les *Théosophes*, qui prodiguent aux Kabbalistes l'exemple — que ceux-ci s'empressent de ne point suivre — de l'intolérance sans conviction, des rivalités sans pudeur et des polémiques sans courtoisie.

d'aucuns jugeront excessif peut-être, mais que nous estimons juste et mérité : il nous sera bien permis de faire nos réserves sur *la personne*, que jamais nous n'eussions songé à mettre en scène, si elle-même n'avait l'habitude de s'y produire dans une attitude aussi tapageuse qu'agressive.

Bien qu'occupée constamment à déprécier ses confrères, à déblatérer sur le compte de ceux qui participent avec elle et comme elle à la renaissance de l'occultisme, elle affecte de prêcher la Concorde et la Fraternité. — Fraternité ! Concorde !... C'est exquis. Et que ne met-elle en pratique ces généreuses maximes ? Elle critique tout et tous avec une violence qui frise volontiers l'invective ; elle s'érige en grand juge du sanctuaire, tranche avec âpreté de l'Oracle et du *Magister* et excelle dans l'art de faire des généralités qui soient *personnelles* : décriant celui-là, bernant celui-ci, donnant à cet autre un coup de boutoir, elle appelle cela : *laver son linge sale en famille !*... Le mot n'est vraiment pas mal.

Mme Blavatsky feint d'ignorer que la plupart des Kabbalistes sont groupés (en France notamment), dans le giron de Fraternités augustes, de quelques siècles plus anciennes que la *Société Théosophique*... Or je ne sache pas qu'un seul exemple de rivalités, de divisions ou de rancunes, puisse être cité parmi les membres des Ordres occidentaux auxquels je fais allusion : c'est que la concorde est dans leurs cœurs et non pas seulement sur leurs lèvres, car ils sont tous retenus par les liens effectifs d'une estime et d'une sympathie réciproques.

Quant au grand étonnement de Mme Blavatsky : — « *Je ne vois pas comment « MM. les Kabbalistes de France peuvent prétendre à la connaissance des sciences « occultes. Ils ont la Kabbale de Moïse de Léon, compilée par lui au XIIIe siècle, etc...* » Que nous importe ? Il nous suffit d'avertir charitablement ceux qui nient la portée occulte des textes zoharites, interprétés par Rosenroth, qu'ils ne savent pas les lire.

Cumulant en un mot toutes les faiblesses d'une femme ombrageuse et rancunière, elle prétend au monopole de toutes les sciences et de toutes les vertus théosophiques.

Telle est Mme Blavatsky, en tant qu'amazone farouche des Hautes Sciences. Moins nous contestons la valeur de l'écrivain, plus nous avons dû juger sévèrement les procédés du théosophe. Ce qui ne saurait nous défendre de regretter que tous ses livres, si goûtés dans leur texte anglais, soient perdus pour ceux à qui cette langue n'est pas familière. M. Gaboriau, dit-on — l'habile directeur de la revue française *le Lotus* — veut combler cette lacune, et ajouter à sa bonne traduction, déjà parue, du *Monde occulte* de Sinnett, celle du *Bouddhisme ésotérique* du même auteur : peut-être s'attaquerait-il ensuite au grand ouvrage de Mme Blavatsky. La gratitude de tous ceux que préoccupent ces graves questions lui étant acquises déjà, à des titres divers, il la verra s'accroître. Son *Lotus*, qui s'est fait deux ans l'organe des meilleurs champions français de l'Hindouisme, a mis en lumière nombre de personnalités occultes éminemment distinguées : on y a particulièrement prisé les articles de MM. Soubba Rao, brahme pundit, Hartmann et Amaravella, métaphysiciens de la plus large envergure. Chacun s'est fort applaudi d'apprendre que l'active collaboration de ce dernier fût acquise à la *Revue Théosophique*, organe parisien récemment fondé par un occultiste d'un haut mérite, Mme la comtesse d'Adhémar.

Tandis que les doctrines néo-bouddhiques prospéraient ainsi, deux Kabbalistes nouveaux surgissaient, admirables tous deux par des qualités diverses, tous deux éminents dans une sphère différente. Au cours de l'*Appendice*, nous parlerons assez en détail de M. Aber Jhouney, pour n'avoir nul scrupule à n'évoquer ici que l'autre.

Tête encyclopédique et plume infatigable, — saluons ce jeune initié que déguise, j'allais dire : que défigure le fâcheux pseudonyme de Papus. Il faut à coup sûr que ses livres témoignent d'une bien transcendante supériorité, pour qu'on leur pardonne leur étiquette ! Le fait est que les amateurs de théosophie prononcent le nom de *Papus*, non seulement sans le souligner d'un sourire, mais avec estime, avec admiration. Glissant sur les brochures en nombre déjà considérable qui ont puissamment contribué à la diffusion des sciences ésotériques, — je mentionnerai seulement l'*Occultisme contemporain* (Carré, 1887, in-12), le *Sepher Jezirah* (Carré, 1888, in-8°), *Fabre d'Olivet et Saint-Yves* (Carré, 1888, in-8°) et *la Pierre Philosophale* (Carré, 1889, in-12°, frontispice), — il importe de rappeler que Papus publiait dès 1888 son *Traité élémentaire de science occulte* (Carré, fort in-12°, figures). C'est le premier ouvrage méthodique où soient résumées avec clarté, groupées et synthétisées d'une main sûre, toutes les données primordiales de l'Esotérisme. Ce livre excellent, qui fait voir l'application des méthodes expérimentales de nos sciences à l'étude des phénomènes magiques, est par surcroît une action bonne et méritoire : les étudiants même avancés y peuvent recourir avec sécurité, comme à la plus savante des grammaires. Mais Papus vient de fonder à jamais sa réputation d'adepte, par la mise au jour d'un monumental ouvrage sur le Tarot[49]. Je ne crois rien exagérer, en estimant que ce livre, où est révélée jusqu'en ses profondeurs la loi pivotale du Ternaire universel, constitue, dans toute la valeur du terme, une *Clef absolue des sciences occultes*.

La série des articles publiés dans le *Lotus* d'abord, puis dans l'*Initiation*, par M. Barlet peut être lue avec fruit par ceux qui ont déjà médité le *Traité élémentaire* de Papus. Nul n'ignore qu'un éminent initié dissimule son vrai nom sous le pseudonyme de F.-Charles Barlet.

D'ailleurs, l'Ésotérisme gagne partout, de proche en proche.

Oui, nous avons la consolation de voir nos idées pénétrer par infiltration tous les terrains, sans bruit et sans éboulements, mais avec une lenteur sûre. Le livre magistral de M. Édouard Schuré, les *Grands Initiés* (Paris, 1889, grand in-8°), nous est garant que les couches sociales de la philosophie et de l'art sont entamées déjà. Le vieux tuf clérical lui-même s'imbibe à son tour, et qu'on n'aille pas prétendre qu'il n'est atteint qu'à la sur face ! L'une des plus belles âmes et des plus lucides intelligences du clergé français, M. le chanoine Roca, s'est fait (non pas d'hier), le très fervent disciple de la Sainte Kabbale ; il tient haut et ferme le clairon des nabis, pour annoncer au monde caduc Père déjà proche et imminente où de nouveaux cieux luiront

---

49   *Le Tarot des Bohémiens*. Le plus ancien livre du monde, par Papus. Paris, Carré, 1889, grand in-8 de 400 pages, figures.

sur une terre régénérée [50]. La Rose-Croix prête asile à plus d'un prêtre catholique dans sa mystérieuse fraternité : l'un d'eux-mêmes, docteur en Sorbonne et prédicateur d'élite, compte, sous le pseudonyme d'Alta, parmi les membres du *Conseil suprême des douze* [51].

Signalons enfin, comme un dernier triomphe de l'Occultisme, une récente brochure de MM. Polti et Gary : la *Théorie des Tempéraments* (Carré, 1889, in-12°). Cet admirable essai d'une synthèse physiognomonique, basé d'une part et *a priori* sur la loi du Tétragramme [52] fondé d'ailleurs et *a posteriori* sur une masse imposante de documents psychiques et d'observations scrupuleusement triées, fruits tardifs de patientes études, — cet essai, dis-je, permet de porter, à première vue, un jugement presque infaillible sur le caractère des êtres qu'on est appelé à croiser sur le plan de l'existence matérielle.

Voilà de ces travaux que la Haute Science avoue, et qu'elle a droit de revendiquer, comme des échos de son Verbe occulte, des adaptations de son principe virtuel, comme des rayons de sa lumière réfractée !...

Au demeurant, à part de soi-disant initiés tout indépendants et fantaisistes, qui pensent créer de toutes pièces une synthèse absolue et vaticiner d'intuition la formule néces-

---

50   *Les Nouveaux Cieux et la Nouvelle Terre*, par l'abbé Roca. Paris, Jules Lévy, 1889, 2 vol. in-8.

51   Voir à l'*Appendice*, no 5, Ces Eclaircissements sur la Rose-Croix.

52   L'ineffable יהוה, reflétant son expansion quaternisée dans le miroir des formes ou de *Malkuth*.

sairement définitive des éternels principes, — on peut ré-
duire à deux les diocèses hétérodoxes de l'occultisme vul-
garisé : celui des Magnétiseurs et celui des Spirites.

Ce sont de respectables chercheurs, souvent de vrais
hommes de science, ces fervents du magnétisme, qui, à
défaut d'avoir demandé la raison positive des phénomènes somnambuliques aux grandes lois de *l'analogie universelle*
et de *l'harmonie par l'antagonisme des contraires*, n'en ont pas
moins fait faire à la science officielle, depuis peu moins ré-
tive, de vrais pas de géant. Leur domaine propre est bien ce
grand diocèse de la Libre Pensée, dont parlait Sainte-Beuve aux
sénateurs de l'empire : car ils préconisent chacun son procédé et ne tombent guère d'accord sur la nature et la cause
ultime des manifestations qu'ils supputent. On les peut
grouper pourtant en deux catégories assez nettes, et distinguer les *Psychologues* (Braidistes), des *Fluidistes* (Mesmériens).
L'hypothèse du fluide est la plus ancienne négligeant de
détailler l'histoire de ses transformations — de Mesmer à
Dupotet, en passant par d'Eslon, Deleuse, Puységur — retenons que tous ont plus ou moins vaguement soupçonné
la vaste théorie hermétique du fluide universel, inhabiles
qu'ils étaient à la reconstruire dans son évidence lumineuse
et sa synthétique majesté.

Nous sommes toujours *Au Seuil du Mystère*. Poser les
points d'interrogation sans en résoudre aucun — voilà
notre tâche ; moins encore : un cadre exclusif nous restreint à la très superficielle et rapide esquisse des métamorphoses où ce Protée insaisissable : « l'Occulte », s'est joué

à travers les âges. C'est ainsi qu'il nous faut réserver pour d'autres opuscules le détail des phénomènes et les théories explicatives d'iceux. Tel est pourtant le jour dont la doctrine kabbalistique du fluide doit éclairer les problèmes du Magnétisme et du Spiritisme, qu'ouvrant une nouvelle parenthèse d'exception, nous jugeons utile d'en tracer dès cette heure un exposé sommaire.

Sans remonter au temps où le Sacerdoce, dépositaire de la Science sacrée, en traduisait les enseignements pour le peuple dans la langue des paraboles ; au temps où des nations *civilisées* s'enorgueillissaient de leurs collèges de Mages ou de Théurges évoquons encore le souvenir de ces grandes sociétés secrètes dont la Franc-maçonnerie actuelle n'est plus qu'un simulacre sans vie, ou mieux un rejeton dégénéré. Le Vouloir infrangible — faculté souveraine de l'adepte — n'étant susceptible de s'affirmer que par l'énergie dans la lutte et la constance dans l'adverse fortune, quiconque aspirait au grade occulte était requis, au cours de préalables et terrifiantes épreuves [53], de donner la mesure de son cœur. Mais le Grand Maître l'interrogeait tout d'abord : — « Fils de la Terre, que nous veux-tu ? — « Voir la Lumière, » devait-il répondre. Le mot *Lumière* ici n'était pas qu'un symbole de Sagesse et d'intelligence, et le postulant (alors qu'il pensait accomplir une formalité de ba-

---

53   Pour le détail des épreuves, renouvelées des Egyptiens, renvoyons le lecteur à Iamblique, sans crainte qu'il confonde celles-ci avec les humiliantes momeries des loges de cette heure, où règne un gâtisme allégorique et solennel.

nale routine) précisait en langue abstraite, à son insu même, l'objet de sa démarche. — « Tu veux, Fils du Limon [54], voir la vraie Lumière, en connaître les lois harmonieuses : tu as parlé sagement. » Car s'il est une appellation, synthétique à la fois et suggestive, qui embrasse toutes les branches de la Haute Science en s'adaptant à chacune d'entre elles, c'est bien celle-ci : *Science de la Lumière.*

La Lumière, suivant les Kabbalistes, est cette substance unique, médiatrice du mouvement, immarcescible, éternelle, qui a engendré toute chose et à quoi tout retourne à son heure : commun réceptacle de la vie et de la mort fluidiques, où, parmi les épaves d'hier, germe l'embryon de demain ! Correspondant au *Verbe* (lumière divine), à la *Pensée* (lumière intellectuelle), elle est à la fois, dans le monde phénoménal (et par une contradiction seulement apparente), le sperme de la matière et la matrice des formes : l'agent hermaphrodite de l'Éternel Devenir. Elle constitue ce fluide universel, impondérable, dont les quatre manifestations sensibles sont appelées : *Chaleur, Clarté, Électricité, Magnétisme.* C'est l'*Akasa* des hindous, l'*Aôr* des hébreux, le *Fluide qui parle* de Zoroastre, le *Telesme* d'Hermès, l'*Azoth*, des alchimistes, la *Lumière Astrale* de Pasqualis de Martinez et d'Éliphas Levi, la *Lumière Spectrale* du docteur Passavant, la *Force Psychique* de l'illustre chimiste anglais Crookes.

---

54 Le vocable אדם (*Adam*) formant les composés : אדום *Adôm (Rouge, rougi)* et, אדמה *Adamah* (au sens restreint : *terre, limon*) des interprètes grossièrement subils en ont tiré cette conclusion mirifique : le Seigneur a créé l'homme en pétrissant un peu de glaise entre ses doigts !... D'où la locution courante : *l'Homme, fils du limon.*

Voilà le point central de la grande Synthèse magique : invisible ou rendue perceptible à l'œil par la chaleur, la lumière forme ce double courant fluidique dont le mode de circulation, mathématiquement déterminable, peut être influencé de qui en a résolu le calcul. Tel est l'agent suprême des œuvres du magnétisme et de la théurgie, cet Être multiforme personnifié par le serpent de la Bible, ainsi que nous l'avons vu plus haut. Connaître la loi des marées fluidiques et des courants universels, c'est — comme le dit Éliphas — posséder le secret de la toute-puissance humaine : avoir découvert la formule pratique de l'incommunicable Grand Arcane.

Cette lumière est androgyne, disent les adeptes ; son double mouvement s'effectue sans trêve, déterminé par sa double polarité. אוד est le courant positif ou *de projection*, אוב le courant négatif ou *d'absorption* ; à un point donné de son évolution rigoureusement invariable, la Lumière Astrale se condense — et de fluidique, devient corporelle ; c'est alors la matière ou *mixte coagulé*. — Autres sont les locutions des alchimistes : ils nomment l'*Aôd* leur *Soufre*, ou *ferveur sèche*, ou *chaud inné* ; l'*Aôb* leur *Mercure*, ou *dissolvant universel*, ou *humide radical* ; le mixte coagulé est leur *Sel*, ou *Terre rouge* [55]. — On le voit, quelles que soient les variations de la terminologie, la doctrine reste identique, et tout étant né de la Lumière, on peut dire que la science de cet agent primordial dévoile la genèse absolue de la matière et des formes.

---

[55] Voir et comparer à cette explication, celle donnée plus haut du tétragramme *Iod-hé-vau-hé*. Quelque lumière pourra jaillir de ce rapprochement.

Un mot de cette théorie appliquée au zoomagnétisme nous livrera la clef du Somnambulisme artificiel, de la Seconde Vue, des Mirages condensés (apparitions), des Envoûtements criminels — en un mot, de tous ces phénomènes renversants dont la science routinière conteste la réalité, dans la limite progressivement restreinte du possible : car le seul énoncé de pareils *faits*, elle le sent trop, invaliderait *a priori* plus d'une « Loi fondamentale » qu'elle promulgua du haut de son infaillibilité séculaire.

Il est en l'homme, dit la magie, trois éléments radicaux : l'*Ame* (élément spirituel), le *Corps* (élément matériel) et le *Perisprit* ou *Médiateur* (élément fluidique) ; en sorte que la créature de Dieu, comme Lui Triple et Une, est bien faite à sa ressemblance et à son image [56]. — L'âme *spirituelle* serait

---

[56] Ces trois grandes divisions sont elles-mêmes susceptibles de se subdiviser.

On obtient alors *les Sept Principes* de l'école traditionnelle, tels que Sinnet les a détaillés dans son *Bouddhisme ésotérique*. Mais il semble inutile, ici du moins, de pousser l'analyse au-delà du groupement ternaire, lequel suffit amplement pour l'intelligence des idées générales résumées dans cet opuscule.

En raison néanmoins des malentendus auxquels nos explications trop concises pourraient prêter (même sur le terrain du classement ternaire), nous avons à cœur de les compléter, en fournissant dans cette note les dernières précisions.

Indépendamment des matériaux grossiers et tangibles qui constituent le corps physique de l'homme, la Kabbale orthodoxe compte trois éléments plus subtils :

נפש *Nephesh* : Le médiateur plastique ou corps astral ;

רוח *Roûach* : L'âme féminine ou passionnelle.

נשמה *Neshamah* : L'Esprit male ou pur.

Le corps, dit le Zohar, est le vêtement de *Nephesh* ; *Nephesh* le vêtement de *Roûach* ; enfin *Roûach* le vêtement de *Neshamah*.

d'ailleurs inapte à se faire obéir du corps *matériel,* sans l'intervention d'un *Médiateur plastique* procédant de l'une et de l'autre, lequel actionne directement le système cérébro-spi-

---

Est-ce à dire que la Kabbale distingue en l'homme quatre éléments *radicaux?* — Non pas ; car *Nephesh,* n'est qu'un *rapport,* un intermédiaire, qui doit être considéré, soit comme la vitalité animale du *Corps physique,* soit comme l'instrument plastique *de l'Ame passionnelle.*

Nephesh n'a pas, à vrai dire, d'existence indépendante, *absolue* ; on ne peut le considérer que *relativement,* par rapport : soit au corps qu'il meut, soit à l'âme dont il est actionné.

C'est dans ce dernier sens que le *Seuil du mystère* prend *Nephesh.* Pour ne pas compliquer notre théorie du *Médiateur plastique,* nous n'avions pas cru devoir spécifier l'âme féminine, passionnelle (*Roûach* du Zohar) : englobant ainsi, dans l'appellation générale de *Médiateur,* cette âme même et le corps astral.

Nous touchons d'autre part au malentendu dont nous appréhendions tout à l'heure la production. — Fidèle à la terminologie courante des modernes théologiens, nous avons eu le tort de laisser à l'*Esprit* pur la dénomination d'*Ame spirituelle.*

Ces mots prêtent à confusion avec ceux-ci : *Ame passionnelle.*

L'*Ame passionnelle* est la vraie *Médiatrice* entre le *Corps* et l'*Esprit pur.* Elle est l'épouse fidèle ou infidèle de ce dernier, qui lui confère l'immortalité en l'assumant avec lui, ou la condamne à noyer sa personnalité dans l'âme universelle collective, s'il remonte seul à sa source divine.

Les Pères de l'Eglise, comme les auteurs de l'Ancien Testament, distinguent toujours l'*Ame* de l'*Esprit* ; les docteurs modernes sont seuls à les confondre. Isaïe fait dire à Jehovah : « *Les Esprits sont sortis de mon sein et j'ai créé les âmes.* »

Quoi qu'il en soit, ces éclaircissements nous permettent de maintenir le texte litigieux, tel qu'on peut le lire aux pages 28-29 de notre première édition. Mais afin d'anéantir désormais jusqu'à la possibilité d'une confusion, nous aurons soin d'adopter au cours de nos publications ultérieures, la savante division du Zohar, ainsi que suit :

CONSTITUTION TERNAIRE DE L'HOMME
{
1° *Le Corps,* dont la vitalité est *Nephesh* ;
2° *L'Ame,* dont la substance est *Roûach* ;
3° *L'Esprit,* dont l'essence est *Neshamah.*
}

nal, chargé de transmettre à son tour aux organes physiques les ordres du Vouloir. On nomme aussi *Corps astral*
ce médiateur composé de lumière mi-partie fixe ou *spécifiée*
(fluide nerveux) mi-partie volatile (fluide magnétique) : —
le fluide nerveux commande à l'économie vitale ; le fluide
magnétique, qui n'est autre que la lumière ambiante, tour à
tour *aspirée* et *expirée*, suivant un mode analogue à celui de
la respiration pulmonaire, met le périsprit en rapport direct
avec le monde extérieur. Or, ce Médiateur plastique, pou-
vant, s'il est exercé convenablement, coaguler ou dissoudre
au gré de la volonté, projeter au loin ou attirer à soi une
portion de fluide universel : il est loisible à l'adepte d'in-
fluencer toute la masse de la lumière astrale, d'y créer des
courants, d'y produire enfin — même à distance — d'étonnants phénomènes, que la commune ignorance qualifie de
miracles ou de méchants tours du diable, à moins qu'elle ne
trouve plus simple encore de les nier obstinément.

Pendant le sommeil magnétique surtout, le perisprit
fonctionne avec plus de vigueur et d'efficacité : le fluide
configuratif [57] qu'il vient de projeter vers un point défini de
l'espace, il le ramène à soi, tout chargé d'images. C'est ainsi qu'au sujet lucide, endormi dans son fauteuil, la Nature
livre ses derniers secrets : au point qu'il perçoit également
les vestiges du passé, les mirages du présent et les embryons
de l'avenir — formes et reflets épars dans la Lumière astrale.

---

57 C'est-à-dire apte à prendre l'empreinte durable et comme la
photographie des objets qu'il a baignés de son onde.

Les superstitieux qui voient des fantômes, et en général tous les hallucinés sont, à l'instant de l'apparition, dans un état voisin de l'extase somnambulique ; leur *translucide*, en rapport immédiat avec le fluide ambiant, perçoit tels des innombrables reflets que ce courant charrie. Les Kabbalistes du reste ont reconnu l'existence positive de mirages animés, sortes de vivantes coagulations de la lumière astrale, dont nous laisserons soupçonner ailleurs les divers modes de naissance, ou, si l'on veut, de production... Inconsistantes, mais réelles, ce sont les *Larves* proprement dites. (D'autres créatures, semi-intelligentes, prennent, en magie, le nom d'*Esprits élémentaires* et d'élémentaux [58]). Dans les *larves*, on peut voir des rudiments de médiateur plastique, aussi dépourvus d'âme consciente que de corps matériel, mais susceptibles, par condensation, de devenir visibles, tangibles même : ils affectent alors la forme des êtres qu'ils approchent. L'occultiste (qui les attire, les domine et les dirige par l'intermédiaire de son propre corps astral), peut leur donner, à volonté, l'apparence d'un objet quelconque, pourvu qu'il détermine mentalement la nature de l'objet désigné, et qu'il en esquisse les contours dans son imagination.

Coupons court à cette exposition de la grande synthèse du fluide universel : nous en avons dit assez pour que le lec-

---

58   Plusieurs magistes distinguent l'*Elemental*, esprit des éléments (Sylphe, Gnôme, Ondin ou Salamandre), de l'*Esprit élémentaire*, être humain désincarnés. Mais la plupart des maîtres emploient ces deux vocables indifféremment et toujours dans le premier sens.

teur entrevoie l'explication rationnelle des plus troublants phénomènes magnétiques ou spirites, sans qu'il lui soit besoin d'appeler à son aide les mânes des ancêtres, non plus que Satanas et ses sulfureuses légions.

Cette théorie de la lumière — à peine marquée ici dans ses traits essentiels, à peine indiquée dans ses plus élémentaires applications — est traditionnelle chez les adeptes. Les Mesmériens l'ont intuitivement pressentie, sans mieux savoir préciser ses principes généraux, que définir sa portée immense et décisive leur ardeur à proclamer la toute-puissance du fluide magnétique en témoigne, jointe à leur incapacité, lorsqu'il s'agit d'en établir l'existence. Poussés au pied du mur, ils se retranchent derrière cette formule indéfiniment vague : — « J'émets le fluide et les phénomènes se manifestent ; je le retire : ils cessent. » C'est insuffisant. Si ces Messieurs ne confondaient l'Antiquité savante et la Tradition dans un même et superbe dédain, ils auraient trouvé dans les hiéroglyphes du Tarot — cet admirable livre initiatique, prostitué dès longtemps aux plus vils usages — l'indication précise d'une doctrine plus satisfaisante, peut-être... Seule, parmi les écrivains qui ont spécialement traité « du Magnétisme », M\ :sup:mme Louis Mond, la dernière adepte des *Mystères Ioniens*, a pu doctement rattacher aux lois primordiales de la Lumière, les règles véritables du somnambulisme provoqué [59]. Elle sait pour quel motif il sied de croire à l'existence réelle d'un agent *isomère* de l'électricité ; seule,

---

59 *Cours de Magnétisme*, par Louis Mond, 1 vol. in-32 (Petite Bibliothèque universelle, Paris 1886).

elle le sait. Quant aux autres fluidistes — assembleurs de
nuages soi-disant métaphysiques — ils ont moins fait pour
la manifestation du Vrai que les magnétiseurs positivistes,
inattaquables sur le, terrain qu'ils ont choisi.

Nul ne souffle plus mot de l'abbé Faria, qui fut le premier à révoquer en doute l'hypothèse du fluide, comme à
promulguer les principes de la suggestion. Pourtant les psychologues ou *Braidistes* devraient le revendiquer pour leur
ancêtre ; car le mérite incontestable de l'anglais Braid paraît
assurément d'avoir baptisé la science de Mesmer pour de
nouvelles et plus académiques destinées : les savants officiels n'avaient pas assez d'anathèmes pour le Magnétisme ;
l'Hypnotisme leur agréa. — « L'habit fait le moine... » Si juste
est cette maxime, qu'une fois l'étiquette outrageuse tombée,
tous : chimistes, médecins, professeurs, se livrèrent sans
scrupule aux pratiques tant d'années défendues. L'institut
leva l'interdit fulminé jadis contre la science orthodoxe et
prompt à sanctionner la science anabaptiste, il fit accueil
à la suggestion. Pour incapable que soit d'ailleurs cette
hypothèse de rien expliquer au-delà des apparences, elle
n'est pas sans une réelle valeur scientifique, ainsi que dans
la suite nous le verrons. L'école de Nancy, récemment formée à l'instigation d'un savant de premier ordre, le docteur
Liébault, a ramené le Magnétisme expérimental et positif
à ses plus nettes formules — et nous préférons mille fois
la science envisagée de ce point de vue un peu exclusif et
restreint, aux incohérentes rêveries des entêtés d'un *pseudo-
fluidisme* indigent.

N'est-ce point à la divulgation mal comprise des doctrines kabbalistiques touchant les esprits élémentaires, que
l'on doit les aberrations du *spiritisme* contemporain? — Il
se pourrait. Les superstiteux enfants du moyen âge trem-
blaient au récit de mystérieuses visions : le fossoyeur avait
cru distinguer sur les tombes de vagues formes au voile
diaphane ; l'assassin s'était senti saisir le bras — déjà levé
pour le crime — par une invisible main ; le clerc, ayant évo-
qué Béelzébuth, l'avait vu paraître en des tourbillons de
fumée roussâtre ; le fantôme d'une mère punie avait surgi
aux yeux de son fils pour implorer des patenôtres. Mais nul
n'avait jamais eu fantaisie de supputer les soubresauts d'un
gibus ou d'un guéridon, à cette fin d'obtenir des révélations
d'outre-tombe ! On parlait de manoirs hantés ; mais quel
sot se fût avisé de croire à la hantise d'une table ou d'un
chapeau ? De pareilles convictions étaient réservées au XIXᵉ
siècle. A quoi bon nous appesantir sur les songes creux
d'un Allan Kardec ? Nous ne contestons pas la réalité physique des manifestations, mais ce n'est point le lieu de commentaires à ce sujet : D'ailleurs, ce que nous avons dit de la
lumière astrale doit édifier le lecteur sur la cause efficiente
et les modes de productions des phénomènes extraordi-
naires où nos hommes d'esprit n'ont pas eu honte de voir
« *la main des désincarnés* [60]. » — Quelle que soit la bizarrerie
des faits observés, il n'y a rien là que de naturel, car — au
sens où l'on entend ce mot d'habitude — le *Surnaturel* n'est

---

60   Style spirite.

pas. Mais la raison ultime de ces créations anormales d'un fluide *coagulé à haute tension*, réside en un arcane plus terrible en lui-même que les fantasmagories diaboliques dont s'effaroucha la naïveté de nos pères.

Si tous les secrets étaient divulgués, qui attiennent de près ou de loin au magnétisme animal, et qu'il fût assez de pervers au monde pour en abuser collectivement — c'est chose triste à dire, mais tels seraient alors les fruits d'une civilisation néfaste, qu'il faudrait espérer une invasion de barbares, comme une délivrance! Elles viendraient, les brutes bienfaisantes, et pour anéantir les fruits malsains, saperaient l'arbre contaminé... Et bénies seraient-elles de déblayer les débris immondes de ce qui aurait été la grande civilisation européenne...

Il est des sciences fatales. Telle que jadis la chaste Diane, la Nature frappe de mort ou de déchéance le téméraire qui la surprend sans voile; mais donne son baiser furtif et sa caresse de lumière à l'homme simple et laborieux qui n'a pas convoité le pouvoir occulte pour une œuvre d'égoïsme mesquin: ainsi Phœbé souriait au pasteur Endymion sans qu'il soupçonnât son sourire, et le baisait endormi. C'est un profond symbolisme encore que celui de la Bible, et le fruit tentateur est éternellement suspendu à l'arbre du Bien et du Mal. — Approche, si tu es pur; touche et contemple la pomme à loisir; si tu l'oses, nourris-toi même de sa chair, en respectant son pépin; mais ne la cueille pas pour le vulgaire: le fruit de Science, en ses mains, deviendrait fruit de Mort.

Ces pages, Lecteur, sont une sorte d'introduction à celles que nous publierons par la suite. Nous promenant parmi ceux qui ont passé leur vie sous les branches du pommier symbolique, nous n'avons, approché cet arbre qu'accidentellement — et comme poussés par la foule. Plus audacieux désormais, pour atteindre à ses fruits, nous lèverons la tête et tendrons les bras ; puis nous hausserons aussi nos cœurs vers le mystère.

Sursum corda! C'est le cri des âmes en mal d'immortalité ; c'est la devise des hiérarques en travail d'ascension ; c'est le Verbe des Appelés qui seront les Élus ! Le triangle divin rayonne sur les sommets ; vers lui s'élève la double échelle de Jacob, dont les hauts degrés se perdent dans la nue. Ceux-là montent sans défaillance, qui ne sont que des hommes encore, mais « dont les flancs de basse argile sont rongés de désirs de Dieu [51] » ; disparus dans les brouillards, ceux d'en bas les perdent de vue, tandis qu'ils reçoivent là-haut l'initiation. Ils redescendront ensuite ; mais pareils à Moïse, la lumière contemplée face à face aura laissé son reflet sur eux : ils redescendront archanges, pour inviter les âmes hardies à l'escalade du ciel : « *Violenti rapiunt illud.* » Si l'absolu ne se peut révéler aux enfants des hommes, que les forts montent jusqu'à lui pour en faire la conquête. Lorsqu'ils reviendront vers leurs frères plus timides, afin de rendre témoignage de la Lumière [62], ceux-ci pourront connaître à l'auréole de leur front que sans cesser d'être Fils de la Terre, ils se sont fait naturaliser Enfants du Ciel.

---

61 Joséphin Péladan, *Curieuse*, page 150.
62 Saint Jean, *Évangile*, ch. 1.

APPENDICE

APPENDICE

I

L'AMPHITHEATRUM

SAPIENTIÆ ÆTERNÆ DE KHUNRATH

LES deux planches Kabbalistiques reproduites en tête de cette brochure sont extraites d'un petit in-folio rare et singulier, bien connu des collectionneurs de bouquins à gravures et très recherché de tous ceux que préoccupent, à des titres divers, l'ésotérisme des religions, la tradition de la doctrine secrète sous les voiles symboliques du christianisme, enfin *la transmission du sacerdoce magique en Occident.*

« AMPHITHEATRUM SAPIENTIÆ ÆTERNÆ, SOLIVS VERÆ, *Christiano-kabalisticum, divino-magicum, necnon physico-chemicum, tertriunum, katholikon: instructore* HENRICO KHUNRATH, *etc.,* HANOVIÆ, 1609, in-folio. »

Unique en son genre, inestimable surtout pour les chercheurs curieux d'approfondir ces troublantes questions,
ce livre est malheureusement incomplet dans un grand
nombre de ses exemplaires. On nous saura gré peut-être
de fournir ici quelques rapides renseignements, grâce auxquels l'acheteur puisse prévoir et prévenir une déception.

*
**

Les gravures, en *taille douce*, au nombre de douze, sont
ordinairement reliées en tête de l'ouvrage. Elles sont groupées d'une sorte arbitraire, l'auteur ayant négligé — à dessein peut-être — d'en préciser la suite. L'essentiel est de
les posséder au complet, car leur classement varie d'exemplaire à exemplaire.

Trois d'entre elles, en format simple : 1° le frontispice
allégorique encadrant le titre gravé ; 2° le portrait de l'auteur, entouré d'attributs également allégoriques ; 3° enfin
une orfraie armée de bésicles, magistralement perchée
entre deux flambeaux allumés, avec deux torches ardentes
en sautoir. Au-dessous, une légende rimée en allemand
douteux, et que l'on peut traduire :

> A quoi servent flambeaux et torches et bésicles
> Pour qui ferme les yeux, afin de ne point voir ?

*
**

Puis viennent neuf superbes figures magiques, très soigneusement gravées, en format double et montées sur onglets. Ce sont: 1° *Le grand androgyne hermétique**; 2° *le Laboratoire* de Khunrath*; 3° *l'Adam-Ève* dans le triangle verbal; 4° *la Rose-Croix* [33] pentagrammatique*; 5° *les Sept degrés du sanctuaire et les sept rayons;* 6° *la Citadelle alchymique* aux vingt portes sans issue*; 7° *le Gymnasium naturæ*, figure synthétique et très savante sous l'aspect d'un paysage assez naïf; 8° *la Table d'émeraude* gravée sur la pierre ignée et mercurielle; 9°, enfin *le Pantacle de Khunrath**, enguirlandé d'une caricature satirique, dans le goût de Callot; c'est même un Callot avant la lettre. (V. ce qu'en dit Éliphas Lévi, *Histoire de la magie*, p. 368.)

Cette dernière planche, d'une sanglante ironie et d'un art sauvage vraiment savoureux, manque à peu près dans tous les exemplaires. Les nombreux ennemis du théosophe, qui s'y voient caricaturés d'un génie âpre et que sans peine on devine triomphalement soucieux des ressemblances, s'acharnèrent à faire disparaître une gravure d'un si scandaleux intérêt.

Pour les autres pentacles, ceux dont nous avons fait suivre l'énoncé d'une astérisque * font également défaut dans nombre d'exemplaires.

*
**

---

63   Nous présentons plus loin l'analyse détaillée de ces deux planches 1 et 4, dont cette nouvelle édition donne la réduction en taille-douce.

Occupons-nous, à cette heure, du texte divisé en deux sections. Les soixante premières pages, numérotées à part, comprennent un privilège impérial (en date de 1598), puis diverses pièces : discours, dédicace, poésies, prologue, arguments. Enfin le texte des Proverbes de Salomon, dont le reste de l'*Amphitheatrum* est le commentaire ésotérique.

Vient ensuite ce commentaire, constituant l'ouvrage proprement dit, en sept chapitres, suivis eux-mêmes d'éclaircissements très curieux sous ce titre : *Interpretationes et annotationes Henrici Khunrath*. Total de cette seconde partie : 222 pages. Un dernier feuillet porte le nom de l'imprimeur : G. Antonius, et la date : Hanoviæ, M. DC. IX.

Nous terminons cette description par une note importante du savant bibliophile G.-F. de Bure, qui dit, au tome II de sa *Bibliographie* : — « Il est à remarquer que dans la première partie de cet ouvrage, qui est de 60 pages, on doit trouver, entre les pages 18 et 19, une espèce de table particulière, imprimée sur une feuille entière à onglets, et qui est intitulée : *Summa Amphitheatri sapientiæ* etc..., et dans la deuxième partie, de deux cent vingt-deux pages, l'on doit trouver une autre table, pareillement imprimée sur une feuille entière, à onglets et qui doit être placée à la page 151, où elle est rappelée par deux étoiles que l'on a mises dans le discours imprimé. — Nous avons remarqué que ces deux tables manquaient dans les exemplaires que nous avons vus ; c'est pourquoi il sera bon d'y prendre garde... » (Page 248).

Passons à l'étude détaillée des planches kabbalistiques, dont la nouvelle édition de notre ouvrage offre au public la reproduction.

APPENDICE

II

ANALYSE DE LA ROSE~CROIX

D'APRÈS HENRY KHUNRATH

ETTE figure est un merveilleux pantacle, c'est-à-dire le résumé hiéroglyphique de toute une doctrine ; on trouve là groupés dans une savante synthèse, tous les mystères pentagrammatiques de la Rose-Croix des adeptes.

⁎

C'est d'abord le point central déployant la circonférence à trois degrés différents, ce qui nous donne les trois régions circulaires et concentriques figurant le processus de l'*Emanation* proprement dite.

Au centre, un Christ en croix dans une rose de lumière : c'est le resplendissement du Verbe ou de l'*Adam Kadmôn* אדם קדמון ; c'est l'emblème du Grand Arcane : jamais on n'a plus audacieusement révélé l'identité d'essence entre l'Homme-Synthèse et Dieu manifesté.

Ce n'est pas sans les raisons les plus profondes que l'hiérographe a réservé pour le milieu de son pantacle le symbole qui figure l'incarnation du Verbe éternel. C'est en effet *par* le Verbe, *dans* le Verbe et *à travers* le Verbe (indissolublement uni lui-même à la Vie), que toutes choses, tant spirituelles que corporelles, ont été créées. — « *In principio erat Verbum* (dit saint Jean) et Verbum erat apud Deum, et Deus erat Verbum... *Omnia per ipsum facta sunt* et sine ipso factum est nihil quod factum est. *In ipso vita erat...* » Si l'on veut prendre garde à quelle partie de la figure humaine est attribuable le point central déployant la circonférence, on comprendra peut-être avec quelle puissance hiéroglyphique l'Initiateur a su exprimer ce mystère fondamental.

Le rayonnement lumineux fleurit alentour ; c'est une rose épanouie en cinq pétales, — l'astre à cinq pointes du *Microcosme* kabbalistique, l'*Étoile flamboyante* de la Maçonnerie, le symbole de la Volonté toute puissante, armée du glaive de feu des Keroubîms.

Pour parler le langage du Christianisme exotérique, c'est la sphère de *Dieu le Fils*, placée entre celle de *Dieu le Père* (la Sphère d'ombre d'en haut où tranche *Aïn-Soph* סוף אין en caractères lumineux), et celle de *Dieu le Saint-Esprit*,

Rûach Hakkadôsh רה הקדוש (la sphère lumineuse d'en bas où l'hiérogramme *Æmeth* אמת tranche en caractères noirs).

Ces deux sphères apparaissent comme perdues dans les nuages d'*Atziluth* אצילות pour indiquer la nature occulte de la première et de la troisième personne de la Sainte-Trinité : le mot hébreu qui les exprime se détache en vigueur, lumineux ici sur fond d'ombre, là ténébreux sur fond de lumière, pour faire entendre que notre esprit, inapte à pénétrer ces Principes dans leur essence, peut seulement entrevoir leurs rapports antithétiques, en vertu de l'analogie des contraires.

*
* *

Au-dessus de la sphère d'*Aïn-Soph*, le mot sacré de *Iéhovah* ou *Iahôah* se décompose dans un triangle de flamme, comme il suit :

Sans nous engager dans l'analyse hiéroglyphique de ce vocable sacré, sans prétendre surtout à exposer ici les arcanes de sa génération — ce qui voudrait d'interminables développements — nous pouvons dire qu'*à ce point de vue spécial, Iod* יֹ symbolise le Père, *Iah* יֹה le Fils, *Iahô* יֹהו l'Eprit-Saint, *Iahôah* יֹהוה l'Univers vivant : et ce triangle mystique est attribué à la sphère de l'ineffable *Aïn-Soph* ou de Dieu le Père. Les Kabbalistes ont voulu montrer par là que le Père est la source de la Trinité toute entière, et bien plus, contient en virtualité occulte tout ce qui est, fut ou sera.

Au-dessus de la sphère d'*Æmeth* ou de l'Esprit-Saint, dans l'irradiation même de la Rose-croix et sous les pieds du Christ, une colombe à tiare pontificale prend, son vol enflammé : emblème du double courant d'amour et de lumière qui descend du Père au Fils — de Dieu à l'Homme — et remonte du Fils au Père — de l'Homme à Dieu — ses deux ailes étendues correspondent exactement au symbole païen des deux serpents entrelacés autour du caducée d'Hermès.

Aux seuls initiés l'intelligence de ce rapprochement mystérieux.

*
**

Revenons à la sphère du *Fils*, qui nécessite des commentaires plus étendus. Nous avons marqué ci-dessus le caractère impénétrable du *Père* et de l'*Esprit-Saint*, envisagés dans leur essence.

Seule, la *seconde personne* de la Trinité — figurée par la Rose-Croix centrale — perce les nuages d'*Atziluth*, en y dardant les dix rayons séphirothiques.

Ce sont comme autant de fenêtres ouvertes sur le grand arcane du Verbe, et par où l'on peut contempler sa splendeur, à dix points de vue différents. Le Zohar compare, en effet, les dix *Séphiroths* à autant de vases transparents de couleur disparate, à travers lesquels resplendit, sous dix aspects divers, le foyer central de l'Unité-synthèse.

Supposons encore une tour percée de dix croisées et au centre de laquelle brille un candélabre à cinq branches ; ce lumineux quinaire sera visible à chacune d'entre elles ; celui qui s'y arrêtera successivement pourra compter dix candélabres ardents aux cinq branches... (Multipliez le pentagramme par dix, en faisant rayonner les cinq pointes à chacune des dix ouvertures, et vous aurez les *Cinquante Portes de Lumière*.)

Celui qui prétend à la synthèse doit entrer dans la tour. Ne sait-il que la contourner ? Il est un analytique pur. On voit à quelles erreurs d'optique il s'expose, dès qu'il veut raisonner sur l'ensemble.

$$*\atop**$$

Nous dirons quelques mots plus loin du système séphirothique ; il faut en finir avec l'emblème central. Réduit aux proportions géométriques d'un schéma, il peut se tracer ainsi :

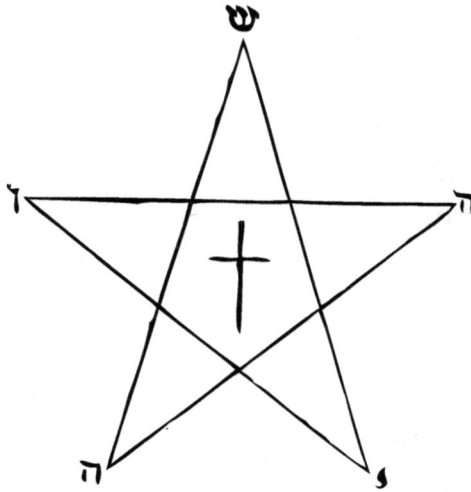

Une croix renfermée dans l'étoile flamboyante. C'est le quaternaire qui trouve son expansion dans le quinaire.

C'est la pure essence qui se sous-multiplie, en descendant au cloaque de la matière où elle s'embourbera pour un temps ; mais son destin est de trouver dans son avilissement même la révélation de sa personnalité et déjà — présage de salut — elle sent, au dernier échelon de sa déchéance, sourdre en elle, en mode instinctif, la grande force rédemptrice de la Volonté.

C'est le *Verbe*, יהוה, qui s'incarne et devient le *Christ douloureux* ou l'homme corporel, יהשוה, jusqu'au jour où assumant avec lui sa nature humaine régénérée, il rentrera dans sa gloire.

C'est là ce qu'exprime l'adepte Saint-Martin, au premier tome d'*Erreurs et Vérité*, quand il enseigne que la chute de l'homme provient de ce qu'il a interverti les feuillets du

Grand Livre de la Vie et substitué la cinquième page (celle de la corruption et de la déchéance) à la quatrième (celle de l'immortalité et de l'entité spirituelle).

En additionnant le quaternaire crucial et le pentagramme étoilé, l'on obtient 9, chiffre mystérieux dont l'explication complète nous ferait sortir du cadre que nous nous sommes tracé. Nous avons ailleurs (*Lotus*, tome II, n° 12, pp. 327-328) détaillé fort au long et démontré par un calcul de kabbale numérique, comme quoi 9 est le nombre analytique de l'homme. Nous renvoyons le lecteur à cette exposition...[64]

---

64   Les exemplaires du *Lotus* étant devenus fort rares, on nous saura gré de reproduire ici cette importante démonstration.

L'HIÉROGRAMME D'ADAM

En affirmant que l'hiérogramme d'Adam recèle les plus profonds arcanes de l'univers vivant, nous n'étonnerons pas ceux qui ont fait du Sepher Beræshith une étude sérieuse. En confrontant l'admirable traduction de Fabre d'Olivet et les révélations pantaculaires du livre de Thoth, il n'est pas impossible de faire jaillir la suprême étincelle du vrai. Voici quelques données qui aideront à y parvenir.

Adam אדם s'écrit en hébreu *Aleph, Daleth, Mem*.

א (*Aleph*. — Première clef du Tarot: *le Bateleur*.) Dieu et l'homme; le Principe et la Fin, l'Unité équilibrante.

ד (*Daleth*. — Quatrième clef du Tarot: *l'Empereur*.) La Puissance et le Règne. Le quaternaire verbal. La multiplication du cube.

ם (*Mem*. — Treizième clef: *la Mort*) Destruction et Restauration. Nuit et jour moraux et physiques. L'éternité de l'éphémère. La Passivité féminine, à la fois gouffre du passé et matrice de l'avenir.

Analyse ternaire du Principe que *Iod* manifeste en son inaccessible et synthétique unité, *Adam* est, au fond, très analogue à l'hiérogramme *Aum*, si fameux dans les sanctuaires de l'Inde.

Notons encore — car tout se tient en Haute Science et les concordances analogiques sont absolues — notons que dans les figures géométriques de la Rose-Croix, la rose est

---

En **אדם**, *Aleph* correspond au *Père*, source de la Trinité; *Daleth* au *Fils* (que la Kabbale nomme aussi le Roi) et *Mem* au *Saint-Esprit*, dont le corps éthéré, dévorateur et fécondateur à la fois des formes transitoires, fait fleurir la Vie (intarissable et inaltérable en son essence) sur le fumier changeant du Devenir.

J'ai dit qu'**אדם** est l'analyse cyclique du Principe dont **י** est l'inaccessible synthèse. Un simple calcul de Kabbale Numérique va confirmer mon affirmation: traduisons les lettres en chiffres (méthode tarotique).

$$\aleph = 1 \qquad \daleth = 4 \qquad \mem = 13$$
$$1 + 4 + 13 = 18. \qquad \text{En } 18, 1 + 8 = 9$$

En Kabbale Numérique absolue, le chiffre analytique d'*Adam* est donc 9. — Or, nous obtenons 10 en ajoutant à 9 l'unité spécifique, qui ramène le cycle à son point de départ et clôt l'analyse dans la synthèse. — Et 10 est le chiffre correspondant à Iod: ce qu'il fallait établir.

Le vocable hiérogrammatique **אדם** représente donc l'évolution nonaire du cycle émané de **י**, et qui se clôt en 10, en retournant à son point de départ, Principe et Fin de tout, *Iod* éternel, révélé dans sa forme d'expansion *tertriune*.

Allons plus loin.

Nous avons donc le droit (en notant d'ailleurs qu'*Adam* diffère de *Iod* ou de *Wodh* comme l'ensemble des sous-multiples diffère de l'Unité), nous avons le droit de dire, poursuivant nos analogies:

Si *Adam* est égal à *I*,

Adam-ah = *I-ah*, Et *Adam-évé* = *I-êvé*

Hé **ה** représente la Vie universelle, la *Nature-naturante*; **יה** représente donc **י**, uni à la vie, et **אדמה**, Adam uni à la vie. — C'est à deux degrés différents (en tenant toujours compte de la distinction notée plus haut), l'union de l'*Esprit* et de l'*Ame* universels.

Enfin, en **יהוה** comme en **אדם־הוה**, Vau **ו** figure la fécondité de cette union, et le dernier **ה** symbolise la *Nature-naturée* (issue de la *Nature-naturante* engrossée par le *Principe mâle*).

Les quatre lettres de **יהוה** figurent le *quaternaire de Mercavah*; les six lettres d'**אדם־הוה**, le *sénaire de Beræshith*.

S. DE G.

traditionnellement formée de neuf circonférences entrelacées, à l'instar des anneaux d'une chaîne sans fin. Toujours
le nombre analytique de l'homme : 9 !

*
**

Une, importante remarque et qui sera une confirmation
nouvelle de notre théorie. Il est évident, pour tous ceux
qui possèdent quelques notions ésotériques, que les quatre
branches de la croix intérieure (figurée par le Christ les bras
étendus) doivent être marquées aux lettres du tétragramme :
Iod, hé, vau, hé. — Nous ne saurions revenir ici sur ce que
nous avons dit ailleurs [65] de la composition hiéroglyphique
et grammaticale de ce mot sacré : les commentaires les plus
étendus et les plus complets se trouvent communément
dans les œuvres de tous les kabbalistes. (V. de préférence
ROSENROTH, *Kabbala Denudata;* LENAIN, *la Science kabbalistique;* FABRE D'OLIVET, *Langue hébraïque restituée;* ÉLIPHAS
LÉVIS, *Dogme et Rituel, Histoire de la magie, Clef des grands mystères,* et PAPUS, *Traité élémentaire de science occulte* et surtout le
Tarot.) Mais considérons un instant l'hiérogramme Ieschua
יהשוה : de quels éléments se trouve-t-il composé ? Chacun
peut y voir le fameux tétragramme יהוה, écartelé par le
milieu יה־וה, puis ressoudé par la lettre hébraïque ש *schin.*
Or, יהוה exprime ici l'*Adam-Kadmôn,* l'Homme dans sa synthèse intégrale, en un mot, la divinité manifestée par son

65 *Au seuil du mystère,* page 35 de cette édition. — *Lotus,* tome II, n° 12,
pages 321-347, *passim.*

Verbe et figurant l'union féconde de l'Esprit et de l'Ame universels. Scinder ce mot, c'est emblématiser la désintégration de son unité et la multiplication divisionnelle qui en résulte pour la génération des sous-multiples. Le *schin* ש, qui rejoint les deux tronçons, figure (Arcane 21 ou 0 du Tarot) le feu générateur et subtil, le véhicule de la Vie non différenciée, le *Médiateur plastique universel* dont le rôle est d'effectuer les incarnations, en permettant à l'Esprit de descendre dans la matière, de la pénétrer, de l'évertuer, de l'élaborer à sa guise enfin. Le ש en trait d'union aux deux parties du tétragramme mutilé est donc le symbole de la chute et de la fixation, dans le monde élémentaire et matériel, de יהוה désintégré de son unité.

C'est ש enfin, dont l'addition au *quaternaire* verbal, de la sorte que nous avons dite, engendre le quinaire ou nombre de la déchéance. Saint-Martin a très bien vu cela. Mais 5, qui est le nombre de la chute, est aussi le nombre de la volonté, et la volonté est l'instrument de la réintégration.

Les initiés savent comment la substitution de 5 à n'est que transitoirement désastreuse ; comment, dans la fange où il se vautre déchu, le sous-multiple humain apprend à conquérir une personnalité vraiment libre et consciente. Felix culpa ! De sa chute, il se relève plus fort et plus grand ; c'est ainsi que *le mal* ne succède jamais *au bien* que temporairement et en vue de réaliser *le mieux !*

Ce nombre 5 recèle les plus profonds arcanes ; mais force nous est de faire halte ici, sous peine de nous trouver compromis dans d'interminables digressions. — Ce que nous avons dit du 4 et du 5 dans leurs rapports avec la Rose-Croix suffira aux *Initiables.* Nous n'écrivons que pour eux.

⁎⁎⁎

Disons quelques mots à cette heure des rayons, au nombre de dix qui percent la région des nuages ou d'*Atziluth*. C'est le dénaire de Pythagore qu'on appelle en Kabbale : *émanation séphirothique.* Avant de présenter à nos lecteurs le plus lumineux classement des Séphiroths kabbalistiques, nous tracerons un petit tableau des correspondances traditionnelles entre les dix séphires et les dix principaux noms donnés à la divinité par les théologiens hébreux : ces noms, que Khunrath a gravés en cercle dans l'épanouissement de la rose flamboyante, correspondent chacun à l'une des dix Séphires (v. page 107).

Quant aux noms divins, après avoir donné leur traduction en langage vulgaire, nous allons, aussi brièvement que possible, déduire de l'examen hiéroglyphique de chacun d'eux, la signification ésotérique moyenne qui peut leur être attribuée :

אהיה. — Ce qui constitue l'essence immarcessible de l'Être absolu, où fermente la vie.

יה. — L'indissoluble union de l'Esprit et de l'Ame universels [66].

---

[66] Ceux qui savent lire les hiérogrammes renversés, en les décomposant suivant les principes radicaux établis par Fabre d'Olivet, constateront

יהוה. — Copulation des Principes mâle et femelle, qui engendrent éternellement l'Univers-vivant. (Grand Arcane du Verbe.)

אל. — Le déploiement de l'Unité-principe. — Sa diffusion dans l'Espace et le Temps.

אלהים גביר. — Dieu-les-dieux des géants ou des hommes-dieux.

אלוה. — Dieu reflété dans l'un des dieux.

יהוה צבאות. — Le *Iod-hévé* (voir plus haut) du Septénaire ou du triomphe.

אלהים צבאות. — Dieux-les-dieux du Septenaire ou du triomphe.

שדי. — Le Fécondateur, par la Lumière astrale en expansion quaternisée, puis le retour de cette Lumière au principe à jamais occulte d'où elle émane. (Masculin de שדה, la Fécondée, la Nature.)

---

sans peine que cette méthode vient confirmer encore les interprétations ésotériques que nous proposons ici.

Quelques exemples : הי (*Iah* יה inversé) constitue la *racine vitale* par excellence.

לא (*Æl* אל inversé) exprime le *Mouvement sans terme, indéfini*.

יד–אש, les deux racines dont la contraction forme יד ש (Shaddai שדי inversé) peut se traduire : la *Main du feu*, la *Main ignée*. La signification secrète éclate avec évidence.

כלם (*Meleck* מלך inversé) est une centration des racines כל–לם. — Les idées de *totalisation*, de *perfection* d'une part, s'y unissent à celle *d'un lien sympathique et mutuel* de l'autre... (Voir le *Dictionnaire radical* de Fabre d'Olivet).

Le sens nouveau contrôle et complète à merveille celui que manifeste ésotériquement déjà l'hiérogramme normal, ouvert par les clefs voulues.

SÉPHIROTHS		NOMS DIVINS QUI S'Y RAPPORTENT	
כתר Kether.	La Couronne.	אהיה Aeïe.	L'Être.
חכמה Hochmah. . . .	La Sagesse.	יה Iah.	Iah.
בינה Binah	L'Intelligence.	יהוה Ihôah	Jehovah. L'Éternel.
חסד Hesed	La Miséricorde.	אל Æl	Æl.
גבורה Geburah	La Justice.	אלהים גבר Ælohim Ghibbor	Ælohim Ghibbor.
תפארת Tiphereth. . . .	La Beauté.	אלוה Æloha. . . .	Æloha.
נצח Netzak.	L'Éternité.	אלהים צבאות Ælohim Zebaoth. . . .	Ælohim Sabaoth.
הוד Hod	Le Fondement.	יהוה צבאות Ihôah Zebaoth.	Jehovah Sabaoth. Dieu des Armées.
יסוד Yesod	La Victoire.	שדי Shaddai	Le Tout-Puissant.
מלכות Malkouth. . . .	Le Royaume.	אדני מלך Adonaï Melech	Le Seigneur Roi.

אדני. — La multiplication quaterne ou cubique de l'Unité-principe, pour la production du Devenir changeant sans cesse (le πάντα φεῖ d'Héraclite) ; puis l'occultation finale de l'objectif concret, par le retour au subjectif potentiel.

מלך. — La Mort maternelle, grosse de la vie : loi fatale se déployant dans tout l'Univers, et qui interrompt avec une force soudaine son mouvement de perpétuel échange, chaque fois qu'un être quelconque s'objective [67].

Tels sont ces hiérogrammes dans l'une de leurs significations secrètes.

⁎⁎⁎

Notons au reste que chacune des dix séphires (aspects du Verbe) correspond, dans le pantacle de Khunrath, à l'un des chœurs angéliques ; idée sublime, quand on sait l'approfondir. Les anges, en Kabbale, ne sont pas des êtres d'une essence particulière et immuable : tout se meut, évolue et se transforme dans l'Univers-vivant ! En appliquant aux hiérarchies célestes la belle comparaison par laquelle les auteurs du Zohar tâchent à exprimer la nature des séphiroths, nous dirons que les chœurs angéliques sont comparables à des enveloppes transparentes et de couleurs di-

---

67   Ce sens occulte s'irradie dans le vocable *Malkouth* מלכות, *le Royaume* (10ᵉ séphire), dérivé de *Melech,* מלך, *le Roi.*

Malkouth exprime en Kabbale le *Royaume de l'Astral,* support des créations physiques, effectif des objectivations.

verses, où viennent briller tour à tour d'une lumière de plus en plus splendide et pure, les Esprits, qui définitivement affranchis des formes temporelles, montent les suprêmes degrés de l'échelle de Jacob, dont le mystérieux יהוה occupe le sommet.

A chacun des chœurs angéliques, Khunrath fait correspondre encore l'un des versets du décalogue : c'est comme si l'ange recteur de chaque degré ouvrait la bouche pour promulguer l'un des préceptes de la loi divine. Mais ceci semble un peu arbitraire et moins digne de fixer notre attention.

*
**

Une idée plus profonde du théosophe de Leipzig est de faire jaillir les lettres de l'alphabet hébreu de la nuée d'*Atziluth* criblée des rayons séphirothiques.

Faire naître des contrastes de la Lumière et des Ténèbres les vingt-deux lettres de l'alphabet sacré hiéroglyphique, — lesquelles correspondent, comme on sait, aux vingt-deux arcanes de la Doctrine Absolue, traduits en pantacles dans les vingt-deux clefs du *Tarot des Bohémiens*, — n'est-ce pas condenser en une image frappante toute la doctrine du *Livre de la Formation, Sepher-Yetzirah* ? (ספר יצירה) Ces emblèmes, en effet, tour à tour rayonnants et lugubres, mystérieuses figures qui symbolisent si bien le *Fas* et le *Nefas* de l'éternel Destin, Henry Khunrath les fait naître de l'accouplement fécond de l'Ombre et de la Clarté, de l'Erreur et

de la Vérité, du Mal et du Bien, de l'Être et du Non-Être !
Tels soudain surgissent à l'horizon d'imprévus fantômes,
au visage souriant ou lugubre, splendide ou menaçant,
quand sur l'amoncellement des nuages denses et sombres,
Phœbus, une fois encore vainqueur de Python, darde ses
flèches d'or.

*
**

Le tableau que voici va fournir, avec le sens réel des
Séphirots, les correspondances qu'établit la kabbale entre
elles et les hiérarchies spirituelles (v. page 111).

Pour compléter les notions élémentaires que nous avons
pu produire, touchant le système séphirothique, nous ter-
minerons ce travail par le schéma bien connu du triple ternaire ; ce classement est le plus lumineux, selon nous, et le
plus fécond en précieux corollaires (v. page 112).

Les trois ternaires figurent la trinité manifestée dans les
trois mondes.

Le premier ternaire — celui du monde intellectuel —
est seul la représentation absolue de la Trinité Sainte : la
Providence y équilibre les deux plateaux de la Balance dans
l'ordre divin : la *Sagesse* et l'*Intelligence*.

Les deux ternaires inférieurs ne sont que les reflets du
premier, dans les milieux plus denses des mondes moral et
astral. Aussi sont-ils *inversés*, comme l'image d'un objet qui
se reflète à la surface d'un liquide.

LES SÉPHIRES DE		CORRESPONDENT A
חכ Kether.	La Providence équilibrante.	חיה חקדוש Haioth Hakkadôsh . . .	Les Intelligences providentielles.
הכמה Hochmah. . . .	La divine Sagesse.	אופנים Ophanim	Les Moteurs des roues étoilées.
בינה Binah	L'Intelligence toujours active.	אראלים Aralim	Les Puissants.
חסד Hesed	La Miséricorde infinie.	חשמלים Hasmalim . . .	Les Lucides.
גבורה Geburah	L'absolue Justice.	שרפים Seraphim	Les Anges brûlant de zèle.
תפארת Tiphereth	L'immarcessible Beauté.	מלאכים Malachim . . .	Les Rois de la splendeur.
נצח Netzak.	La Victoire de la Vie sur la Mort.	אלהים Ælohim . . . :	Les dieux (envoyés de Dieu).
הוד Hod	L'Éternité de l'Être.	בני אלהים Bené-Ælohim	Les fils des dieux.
יסוד Yesod	La génération, pierre angulaire de la stabilité.	כרבים Cheroubim . . .	Les ministrants du feu astral.
מלכות Malkuth	Le principe des Formes.	אשים Ischim.	Les Ames glorifiées.

Dans le monde moral, la *Beauté* (ou l'Harmonie ou la Rectitude) équilibre les plateaux de la balance : la *Miséricorde* et la *Justice*.

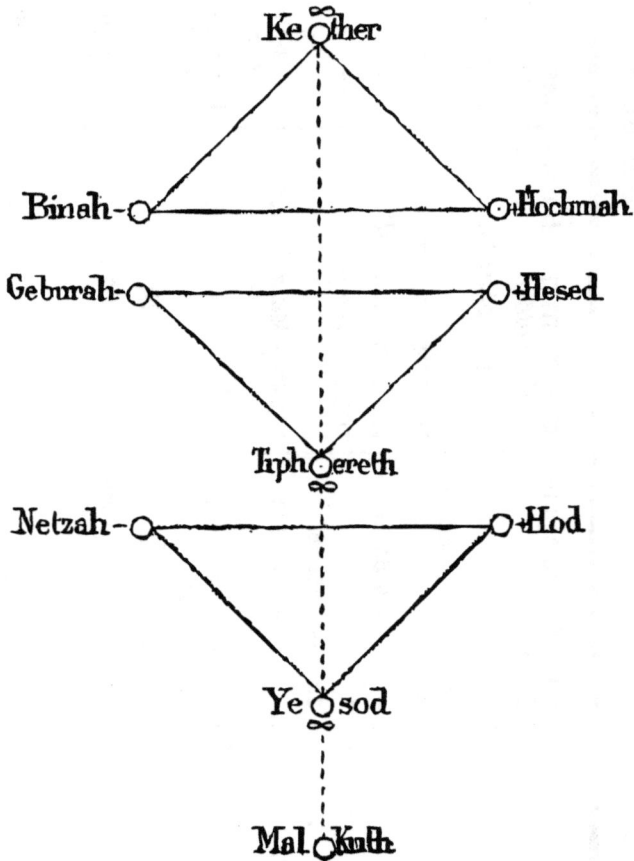

Dans le monde astral, la Génération, instrument de la stabilité des êtres, assure la *Victoire* sur la mort et le néant, en alimentant l'*Éternité* par l'intarissable succession des choses éphémères.

Enfin, Malkouth, le *Royaume* des formes, réalise en bas la synthèse totalisée, épanouie et parfaite des Séphiroths, dont en haut Kether, la *Providence* (ou la Couronne) renferme la synthèse germinale et potentielle.

*
**

Bien des choses nous resteraient encore à dire de la Rose-Croix symbolique de Henry Khunrath. Mais il faut nous borner.

Au demeurant, ce ne serait pas trop d'un livre entier pour le développement logique et normal des matières que nous avons cursivement indiquées en ces quelques notes; aussi le lecteur nous trouvera-t-il fatalement trop abstrait et même obscur. Nous lui présentons ici toutes nos excuses.

Peut-être, s'il prend la peine d'approfondir la kabbale à ses sources mêmes, ne sera-t-il pas fâché de retrouver, au cours de cet exposé massif et de si fatigante lecture, l'indication précise et même l'explication en langage initiatique d'un nombre assez notable d'arcanes transcendants.

Comme l'algèbre, la kabbale a ses équations et son vocabulaire technique. Lecteur, c'est une langue à apprendre, dont la merveilleuse précision et l'emploi coutumier vous dédommageront assez par la suite des efforts où votre esprit s'est pu dépenser dans la période de l'étude.

III

ANALYSE DE L'ANDROGYNE

D'HENRY KHUNRATH

E *Grand Androgyne* à mi-corps constitue de prime aspect un pantacle hermétique.

C'est évidemment le sens immédiat et capital de l'emblème : il est aisé de s'en convaincre par l'examen des accessoires groupés autour de la figure centrale et, pour peu qu'on en doutât, la lecture des textes latins, fort détaillés, dont la planche est couverte, suffirait à lever toute incertitude, en trahissant la préoccupation constante du théosophe, laquelle est avant tout d'alchimie.

Mais en Magie, les correspondances analogiques étant absolues, d'un monde à l'autre, il en résulte que tout verbe occulte, proféré dans l'une des trois sphères, éveille naturellement un écho dans les deux autres : c'est toujours la même note, élevée ou descendue d'une octave. Le sens des symboles est donc multiple et peut s'établir sur une échelle rigoureusement déterminable *a priori*.

L'explication hermétique de notre planche correspond au sens naturel ou positif. Le sens moral ou comparatif requiert une explication psychologique, et le sens spirituel ou superlatif, une explication métaphysique.

Dans notre commentaire sur la Rose-Croix de Khunrath, nous avons pris à tâche d'amalgamer en quelque sorte les trois significations : nous essaierons cette fois de les indiquer à part.

Ici d'ailleurs, l'intérêt se concentre principalement sur l'interprétation alchimique, puisque de toute évidence elle domine les deux antres dans la pensée de l'auteur.

Il semble logique d'exposer celle-là tout d'abord — et nous pensons surprendre agréablement notre public, en cédant ici la plume à un confrère aussi connu qu'apprécié de lui. Papus, qui a poussé plus avant que nous l'étude pratique de la spagyrie (jusqu'à réussir diverses expériences d'un ordre très particulier), Papus veut bien nous faire cadeau d'une de ces pages où lui seul, je crois, sait marier avec un art exquis la profondeur des idées à la limpidité du style.

SENS POSITIF OU NATUREL DE L'EMBLÈME

PAR PAPUS

OUS *rendant désir de notre ami et frère, Stanislas de Guaita, nous allons exposer en quelques lignes le sens purement alchimique de la figure pantaculaire de Khunrath.*

Le cadre que nous nous traçons est ainsi strictement limité et nous devons borner notre ambition à l'exposé des grandes généralités que révèle cette magnifique synthèse symbolique.

La Pierre Philosophale a donné de son existence d'irréfutables preuves : c'est ce que nous nous sommes jadis efforcés de démontrer, histoire en main [68].

Mon Dieu, oui, lecteur sceptique, vous souriez en vain au récit de toutes ces légendes de vieux alchimistes usant leur vie et dilapidant leur fortune dans la poursuite du Grand Œuvre ; ce ne sont pas là brillantes chimères ; au fond de tout cela se cache un éclatant rayon de

---

68   *La Pierre Philosophale*, preuves irréfutables de son existence, par Papus, chez Carré.

vérité et les dix mille volumes qui traitent de ces matières ne sont pas l'œuvre de jongleurs indignes ou d'impudents faussaires.

Les livres d'alchimie sont écrits de telle sorte que vous pourrez, le plus facilement du monde, vous rendre compte de tous les phénomènes qui se succèdent dans la préparation de la Pierre Philosophale, sans jamais parvenir vous-même à la préparer.

La raison en est bien simple. Les maîtres cachent toujours le nom de la matière première requise pour l'œuvre et le moyen d'élaborer et d'évertuer cette matière première par l'emploi du feu philosophique ou lumière astrale humanisée. Or il est indispensable de dire deux mots des phénomènes qui marquent la préparation de la Pierre Philosophale, sous peine de ne jamais rien comprendre à l'explication que nous allons donner de la planche symbolique de Khunrath, considérée alchimiquement.

Quand vous avez placé les deux produits, sur l'origine desquels les alchimistes gardent un prudent silence, dans l'œuf de verre de l'athanor et que vous faites agir le feu secret sur ce mélange, divers phénomènes fort intéressants prennent naissance sous vos yeux.

La matière contenue dans l'athanor devient tout d'abord absolument noire. Elle semble putréfiée et complètement perdue. C'est alors cependant que l'alchimiste se réjouit; car il reconnaît le premier stade de l'évolution du Grand Œuvre, stade désigné sous les noms de Tête de Corbeau *et de* Chaos.

Cette couleur persiste plusieurs jours ou plusieurs heures selon l'habileté de l'artiste — et à sa suite, presque sans transition, la matière prend une coloration blanche assez éclatante. Cette couleur indique que la combinaison entre les deux produits placés dans l'athanor est effectuée et la moitié du travail accomplie.

A cette couleur blanche, succèdent des couleurs variées, suivant une progression ascendante par rapport au spectre solaire, c'est-à-dire commençant au violet pour s'élever par des nuances diverses au rouge pourpre qui indique la fin de l'Œuvre.

A ces phénomènes de coloration se rattachent d'autres faits purement physiques: alternatives de volatilisation et de fixation, de solidification et de demi-liquéfaction de la matière; faits qui ont conduit les alchimistes à comparer la création de la Pierre Philosophale par l'homme à la création de l'Univers par Dieu (phénoménalement parlant). La grande loi de la Science occulte, l'Analogie, donne la raison d'être de toutes ces déductions, mais ce serait sortir de notre cadre que de nous étendre davantage sur ces choses.

Retenons simplement les trois grands états par où passe la matière: le noir, le blanc, le rouge — et abordons, munis de ces données, l'explication de notre figure.

Au premier coup d'œil, apparaissent trois grands cercles subdivisés eux-mêmes chacun en trois autres.

Le cercle inférieur porte au centre écrit en grosses lettres et en grec le mot ΧΑΟΣ (Chaos).

Le cercle moyen laisse ressortir surtout le mot REBIS.

Enfin le cercle supérieur présente le mot AZOTH.

Chaos. Rebis. Azoth, *tels sont les trois termes qui vont nous donner le sens général de notre figure.*

CHAOS (1er cercle)

Le cercle inférieur enseigne la création de la Matière première et nous montre l'image de l'Univers. Il symbolise particulièrement la COULEUR NOIRE *de l'œuvre ou* Tête de Corbeau.

Nous n'avons pas à entrer dans tous les détails de la préparation révélés par les paroles contenues dans ce cercle; montrons simplement la vérité de notre explication par un extrait du Dictionnaire mytho-hermétique *de Pernetty.*

« Ce chaos se développant par la volatilisation, cet abîme d'eau laisse voir peu à peu la terre à mesure que l'humidité se sublime en haut du vase. C'est pourquoi les chimistes hermétiques ont cru pouvoir comparer leur œuvre, ou ce qui s'y passe pendant les opérations, au développement de l'Univers lors de la création ».

(Pernetty.)

REBIS (2e cercle)

Le second cercle nous présente la figure mystérieuse de l'Androgyne hermétique (Soleil et Lune). Notre savant frère de Guaita montrera le sens kabbalistique de cette importante figure. Qu'il nous suffise de dire qu'elle exprime alchimiquement la COULEUR BLANCHE *de* l'œuvre, résultant de l'union des deux principes positif et négatif.

L'adage Etiam Mundus Renovabitur Igne, *correspondant au fameux* Igne Natura Renovatur Integra *(*INRI *de la Franc-*

Maçonnerie occulte), indique que c'est à ce moment que commence l'application à la matière du feu philosophique.

Le carré des éléments (Ignis, Aqua, Terra, Aër, *enfermant le triangle de la constitution de tout être* (Anima, Spiritus, Corpus)*, indique la théorie du 2e degré de l'Œuvre.*

Le triangle Separa, Dissolve, Depura, *dominé par le quaternaire* Solve, Fige, Coagula, Compone, *indique la pratique de ce second degré de l'œuvre hermétique.*

Enfin toutes ces opérations n'aboutissent qu'à la création d'une seule et même chose, REBIS, *ainsi définie par Pernetty :*

« *L'esprit minéral crû comme de l'eau, dit le bon Trévisan, se mêle avec son corps, dans la première décoction, en le dissolvant. C'est pourquoi on l'appelle* Rebis, *parce qu'il est fait de deux choses, savoir du mâle et de la femelle, c'est-à-dire du dissolvant et du corps dissoluble, quoique dans le fond ce ne soit qu'une même chose et une même matière* ».

(Pernetty.)

AZOTH (3e cercle)

C'est le Phénix alchimique que symbolise le troisième cercle. Le Feu astral avec tous ses mystères est clairement indiqué dans cette merveilleuse figure. Les plumes de paon symbolisent les couleurs variées que prend la matière sous l'influence de ce feu philosophique qui chauffe sans brûler, *de ce feu* humide et subtil *figuré par les ailes du Phénix.*

Le mot Azoth *indique du reste à lui seul le sens de toute la figure:*

« Azoth, *selon Planiscampi, signifie moyen d'union, de conser-vation ou médecine universelle. Il fait aussi remarquer que le terme* Azoth *doit être regardé comme le principe et la fin de tout corps et qu'il renferme toutes les propriétés cabalistiques, comme il contient la première et la dernière lettre des trois langues matrices, l'*Aleph *et le* Thau *des Hébreux, l'Alpha et l'Omega des Grecs, l'A et le Z des Latins.* »

(Pernetty.)

ÆLOÏM

Au-dessus de ces trois cercles, rayonne dans le triangle mys-tique le nom sacré LUI-LES-DIEUX, *Æloïm, symbole de la* Pierre Philosophale *parfaite.*

Nous entrons ici de plain-pied dans le domaine de la kabbale ; aussi croyons-nous devoir limiter là cette exposition déjà trop longue, que le lecteur pourra développer lui-même à sa guise, à l'aide des quelques éléments que nous lui avons fournis.

PAPUS.

Nous ajouterons peu de chose à cette explication her-métique aussi large que précise. Nous nous bornerons à esquisser, en traits aussi brefs que possible, les deux sens kabbalistiques de la figure centrale.

SENS COMPARATIF OU PSYCHOLOGIQUE

DE L'EMBLÈME

'ANDROGYNE est la plus saisissante image du *Règne hominal* ramené à son principe intelligible.

C'est, en langue purement hiéroglyphique, le symbole absolu de cet *Être Virtuel* qui s'*extériorise* au moyen de ce que Fabre d'Olivet appelle sa « faculté volitive efficiente »; — de cet *Être Universel* qui *se particularise* par sa sous-multiplication indéfinie à travers l'espace et le temps; — de cet *Être Spirituel* enfin, qui *se corporise* et tombe dans la matière, pour avoir prétendu se faire centre et s'être éloigné de l'Unité divine, principe central et source essentielle de toute spiritualité.

Selon Moïse ésotériquement interprété[69], voici les étapes de la chute: l'Universel *Adam* אדם déploie *Aïshah* אשה; dès lors lui-même devient *Aïsh* איש: c'est l'*Intellect potentiel* de l'homme qui *se réalise* en déployant *la Volonté*.

---

69   Voir Fabre d'Olivet, *Langue hébraïque restituée*, tome II.

Mais le mauvais emploi de cette volonté les fait chuter tous deux (homme et femme : Intellect et Vouloir), dans le monde élémentaire : *Aïshah* se métamorphose en *Hévah* חוה, la *Vie Matérialisée*, dont Adam devient l'époux.

On a vu l'explication que j'ai donnée ailleurs de *Hévah* ou de *Hévé* הוה. Pour ne pas compliquer ma note déjà fort longue au sujet de *I-êvê* et de *Adam-êvê*, j'ai négligé de marquer alors la conversion en ח *Heth* du premier ה Hé de הוה, qui devient חוה. Ce durcissement de la voyelle initiale marque hiéroglyphiquement la chute d'Adam et sa conséquence : la matérialisation de la Vie universelle en lui.

Eh bien, l'Androgyne de Khunrath représente *Adam-Ève*, ou l'Homme Universel éparpillé dans la matière et sombré dans le devenir : ce qu'exprime le globe élémentaire d'Hylé (YAH) [70] qu'il soutient de ses mains.

Dans ce globe est inscrit le *carré des éléments* et dans ce carré, le *triangle adamique* : corps, âme, esprit.

Ce schéma géométrique équivaut et correspond strictement à l'hiéroglyphe dont usent les alchimistes pour emblème de l'œuvre hermétique parachevée, de la pierre philosophale obtenue : ⚴ — Le Grand Œuvre consiste en effet à comprimer l'Esprit (symbolisé par le triangle), sous l'étreinte de la matière (symbolisée par la croix des 4 éléments). Le *soufre* des alchimistes, au contraire, c'est la

---

70   Mot inscrit au centre du globe et du triangle.

Matière dominée par l'Esprit; aussi les adeptes, qui sont logiques, l'expriment-ils par le même signe renversé: ♁ [71].

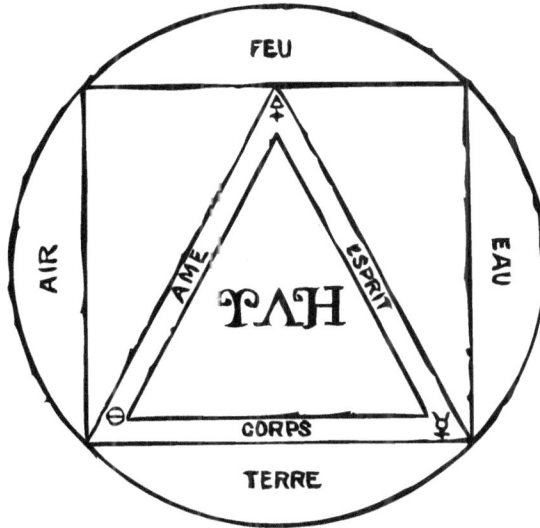

Pour en revenir au triangle qu'emprisonne un carré inscrit dans un cercle, peut-on mieux figurer la déchéance de l'homme, claquemuré entre les quatre parois de sa geôle sinistre?... Et si nous passons du général au particulier, les initiés n'entreverront-ils pas dans *ce vivant* ternaire, que comprime et retient captif le *quaternaire des éléments*, l'emblème d'un redoutable arcane? Ne songeront-ils point à l'âme adamique d'abord entraînée au vertigineux vortex

---

71   Claude de Saint-Martin, dans son *Tableau naturel* (pages 261-262 du premier tome), a donné une explication foncièrement erronée de ces deux signes. Ce qu'il dit de l'un s'applique avec rigueur à l'autre et réciproquement. Rien de plus surprenant qu'une confusion pareille chez un théosophe de cette valeur.

des générations, puis se débattant, en proie aux quatre tor-
rents élémentaires qui se la disputent ? Pauvre âme, écarte-
lée entre ces quatre puissances de perdition, elle lutte dé-
sespérément pour 'atteindre et conquérir le point central,
équilibré ; l'intersection cruciale, unique ; le lieu sauveur où
son incarnation pourra s'effectuer du moins sous la forme
harmonieuse, pondérée et *synthétique* de l'homme !

Si, par malheur, elle se laisse entraîner à la dérive d'un
des courants, quel sera son sort ? — Ce qu'elle deviendra ?
Quelque élémental dans la nature, ou bien, si elle trouve à
s'incarner, une pauvre inconscience, étincelle divine pour
longtemps obscurée, et captive sous l'une des formes *analytiques*, outrancières, anarchiques de l'animalité [72] !

Reportons-nous à la figure magique, à cette sphère
substantielle d'Hylé, qu'élabore et rénove perpétuellement
la Lumière secrète de l'univers : *Etiam mundus renovabitur
igne...* Du principe de l'incarnation, correspondant à ladite
sphère, passons à la réalisation, à la mise en acte de ce principe. C'est descendre à la sphère inférieure où Khunrath a

---

72   Et pour envisager d'un coup d'œil les deux genèses complémentaires :
celle des *principes d'ordre intelligible* et celle des *origines d'ordre sensible*, évoquons
un instant le spectacle des milliers de spermatozoaires luttant pour
l'existence dans une goutte de sperme humain ! Quelle course au clocher !...
— Ah ! ne rions pas, ce serait presque un sacrilège, un crime de lèse-
humanité. Chacun de ces petits êtres représente une existence humaine
en possibilité, ou, comme dirait Fabre d'Olivet, en puissance contingente
d'être dans une puissance d'être. Car celui qui, parvenant au but le premier,
féconde l'ovaire, ouvre littéralement la porte de la vie terrestre, pour laisser
passer l'une de ces âmes adamiques, âpres au gain d'un corps physique, et
qui se pressent en foule au seuil de l'existence objective.

dessiné des continents et des mers ; c'est fixer nos yeux sur le globe terrestre, envisagé comme type de tous les centres de condensation matérielle, où l'universel Adam-Ève disperse ses sous-multiples.

C'est là le règne de ce ΧΑΟΣ la substance première créée ; de ce *Theou w'behou* תהו וכהו ; de cet abîme potentiel (*Thôm* תהום), générateur des doubles-eaux (*Maîm* מים), sur la face desquelles le souffle générateur (*Roûach Ælohîm*, רוח אלהים) exerce sa puissance fécondante. Le théosophe de Leipzig révèle ici, pour qui sait le lire, plusieurs arcanes touchant la genèse matérielle des mondes. Les formules gravées sont d'ailleurs limpides, et valent d'être consultées attentivement...

L'universel Adam en mal de désintégration a roulé jusqu'au fond de l'ornière ; il s'est vautré dans le cloaque de la substance différenciée, produit de sa chute même ; il s'est éparpillé, sans pouvoir s'épuiser jamais, semant à profusion des âmes de vie de moins en moins intelligentes, de moins en moins morales et conscientes, jusque dans les formes les plus humbles de l'existence et du devenir. Mais tout n'est pas dit : après s'être *divisé* à l'infini, sa destinée veut qu'il se reconstitue dans son *unité ontologique* ; après être *descendu*, elle veut qu'il *remonte* ; elle veut qu'il *évolue* enfin, après s'être *involué*.

Nous ne toucherons pas au problème — si troublant dans sa profondeur occulte — des rédemptions minérale, végétale et animale : jamais ce mystère ne sera totalement dévoilé [73]. Mais en prenant l'être adamique aux deux tiers de son voyage de retour, alors que, déjà délivré en partie des étroites et despotiques entraves dont le destin de la

---

73 *Un mot* seulement; écoutez, vous tous qui savez saisir l'esprit d'un arcane, sous le travestissement d'une image grossière et matérielle. Je ne dirai *qu'un mot.*

Si l'*âme spirituelle* est totalement obscurée dans la pierre, terme ultime ou plutôt *aboutissement infime de l'involution*, comment la *Conscience* peut-elle s'éveiller petit à petit, dans l'*évolution des formes progressives*, à travers les règnes minéral, végétal, animal?...

Quel *Deus ex machinâ* lui vient, donc en aide? Comment, en un mot, la *Conscience* va-t-elle se dégager de l'*inconscience* absolue, au fur et à mesure de l'évolution?

Je vous demanderai, moi, si l'Eternelle Sagesse n'a pas mis un terme à la déchéance d'Adam, et borné, par l'interposition d'une infranchissable barrière, *sa descente aux enfers du non-être?*

Ce rempart providentiel a nom la *Matière*. Une fois entièrement possédé par elle, l'esprit ne peut plus descendre. Dieu même lui a dit: *Tu n'iras pas plus loin.*

Comme un métal en fusion, dès qu'il bouillonne loin du foyer central, se fige soudain, prisonnier de sa propre nature, qui est de durcir au froid: ainsi l'esprit, éloigné de sa source divine, se compacte en s'objectivant: telle est l'origine de la matière, espèce de moyen terme, de compromis entre l'être et le non-être; concrétion passive que l'esprit peut pénétrer et élaborer, mais outrepasser, non pas!

Et comme, emporté dans sa chute, l'esprit se heurte à cet invincible obstacle, *il doit nécessairement rebondir;* d'où ce mouvement rédempteur: *l'évolution récurrente!*

L'impulsion même de la chute adamique détermine la réascension. La loi de *Réaction proportionnelle* est intervenue.

A jamais incompatible avec *le Néant*, où il est en voie de sombrer, l'*âme spirituelle* déchue trouve dans la profondeur de sa nature occulte, un principe occasionnel d'arrêt brusque et qui le rejette en arrière.

L'*involution* se heurte à son terme irréfragable, fatal ou providentiel. — Le mouvement acquis ne saurait s'anéantir ou se perdre... il se fait répercussif et rétrograde.

La *décadence involutive* est enrayée; la force même des choses nécessite une réaction: l'*Évolution rédemptrice* a pris naissance.

nature physique l'accablait, il a pu évoluer jusqu'à l'homina-
lité ; il nous est permis de supputer en quelques lignes son
retour à sa synthèse verbale, l'Adam céleste.

Par quels efforts l'homme de chair peut-il travailler à
reconquérir l'éden de sa divinité collective ? — Avant tout,
par l'établissement, dès ici-bas, d'un *État social* hiérarchique.

Sur quoi se fonde un tel *État social?* Avant tout, sur la
Famille.

Sur quoi repose la *Famille ?* — Avant tout, sur l'*Amour.*

L'Amour nous apparaît, sous ses divers modes, le principe essentiel de la rédemption et l'instrument primordial
de la réintégration.

Par rapport aux individus, l'Amour est en effet le nœud
moral qui lie l'homme à la femme ; — relativement aux
âmes, il est encore le magnétique appel à la vie objective :
c'est lui qui, les envahissant d'un trouble délicieux, les
sollicite de s'incarner et les fait rouler, vaincues, au tour-
billon fatal des générations. — Vis-à-vis de l'État social,
l'amour est enfin l'irrésistible facteur des races : il obsède
les amants, les possède, les hante — et leur insufflant une
fureur qu'eux-mêmes ne peuvent assouvir que par l'union
des sexes, il ouvre sans cesse aux pauvres âmes la porte
étroite de l'existence physique et terrestre.

Ce n'est pas tout : l'étrange propagation des types individuels au long de la chaîne des filiations ; ce phénomène
que le nom très vague d'atavisme ne désigne à l'attention
de tant de penseurs qu'à titre d'impénétrable mystère, eh

bien, l'Amour en tient les clefs! ... Nous verrons ailleurs que, sous sa forme sublimée — la Charité — c'est encore l'Amour qui opère, pour l'ascension d'abord individuelle des âmes, puis pour leur addition nuptiale par groupes bi-sexués et complémentaires, dont la fusion harmonieuse, en progression mathématique, resserre la synthèse relative, qui ne trouve son terme absolu qu'en Dieu.

L'Amour est la troisième personne de la trinité adamique; car constituant le rapport commun des deux époux, leur rela-tivité sentimentale, leur moyen terme, en un mot, il pro-cède de l'homme et de la femme, comme le Saint-Esprit procède du Père et du Fils [74]. L'Amour n'est-il pas aussi le véritable *agent* de l'incarnation? Celui de qui l'enfant est en vérité *conçu?* De même, il nous est mystiquement enseigné que, bien qu'engendré du Père, le Christ est *conçu* du Saint-Esprit. Toutes ces analogies sont de la dernière rigueur.

Le *Saint-Esprit* n'est d'ailleurs lui-même que l'*Amour di-vin,* l'Amour *exalté dans le monde spirituel:* comme l'attraction n'est que l'*Amour cosmique,* l'amour *refracté dans le monde élé-mentaire.*

Ce qui est vrai dans les mondes *divin* ou *superlatif* et *na-turel* ou *positif,* ne l'est pas moins dans le monde *moral* ou *comparatif.* L'Amour est le troisième terme de la Trinité hu-maine, puisque c'est de lui, nous l'avons vu, qu'est conçu l'enfant, né du Père et de la Mère; et c'est pourquoi le phé-

---

74   Ainsi l'*Azoth des Sages,* principe de l'*attraction,* constitue la troisième personne de la trinité hermétique : ♁, ⊖ et ☿, *soufre, sel* et *mercure* (ou *azoth*).

nix, qui reliait de ses cendres, s'épanouit et bat des ailes entre les deux têtes de femme et d'homme, Emblème de l'éternelle fécondité, le phénix figure kabbalistiquement l'Amour, dans le pantacle de Khunrath.

Naturellement, à considérer le grand androgyne, la tête d'homme apparaît solaire ; la tête de femme, sélénique. Du sein droit, marqué du signe sulfureux ♙ et du sein gauche marqué du signe salin ⊖, jaillissent deux sources perpétuelles : symbole des deux énergies, active et passive, qui réagissent mutuellement l'une sur l'autre, pour animer et pour évertuer la substance prolifique du *Compost philosophal.* Le signe mercuriel ☿ placé sur le nombril, indique le facteur moyen de ⊖ par ♙.

Les deux bras, où sont inscrits ces deux préceptes mystérieux : *Coagula, Solve,* soutiennent la sphère des éléments occultes. Par là, Khunrath nous enseigne que le Mage ou l'homme complet, désigné par l'Androgyne, peut tenir le sceptre sur le monde élémentaire tout entier, et agir sur la Nature naturée avec une sorte de toute-puissance, en projetant ou en attirant à soi la Lumière astrale, substratum de la quintessence.

Envisagée comme instrument des universelles transmutations dont l'homme peut devenir le maître et le régulateur, la Lumière astrale se révèle, dans toute l'étendue de son action, par la formule découpée en caractères d'ombre sur la gerbe de feu, triple et sextuple, qui s'irradie et flamboie à la base de la sphère centrale.

Mais, considérée comme la substance même de l'Ame
vivante universelle (*Nephesh-ha-Haïah* נפש ההחיה), qui se
distingue et se spécifie sous d'innombrables modes, pour
donner naissance aux êtres des quatre règnes [75] : la Lumière
astrale devint l'*Azoth des Sages,* et Khunrath l'exprime par
l'hiéroglyphe du phénix, installé comme un diadème singulier, sur le double front de l'androgyne. La queue de paon,
dont cet étrange oiseau se voit affublé par surcroît, est en
alchimie, comme l'a dit Papus, l'emblème de l'œuvre, à un
point donné de son évolution spagyrique. Nombre de couleurs changeantes paraissant alors dans l'œuf, miroitent et
semblent s'iriser de mille reflets trompeurs. — Au sens
comparatif, la queue de paon, riche et multicolore, figure
les innombrables formes et les nuances variées jusqu'à l'infini, dont la matière — pénétrée, élaborée, évertuée par
l'esprit — se revêt dans la progression ascendante de tous
les êtres vers l'Être. C'est le règne d'Iônah (יונה), cette intarissable *fécondité* que déploie, suivant la multiplication quaternaire, l'âme de vie distribuée sans distinction à toutes
les créatures de l'univers [76]. L'hiérographe s'en explique en
termes précis : *L'Oiseau d'Hermès, c'est le bienheureux principe
de la vie végétative, qui, agissant dans la profondité spiritueuse des
choses corporelles, est l'âme même de la Nature, ou la quintessence
apte à faire germer toutes choses.*

---

75   Minéral, végétal, animal, hominal.
76   Voir dans le *Lotus*, n° 12, page 338-343, ce que je dis d'*Iônah*.

Enfin le triangle suprême, figuratif de la pierre philosophale parfaite, ce triangle où Papus lit *AElohîm* (אלהים,
Lui-les-Dieux) et où nous croyons plutôt déchiffrer le mot
Aourîm אורים, les Lumières (c'est-à-dire le principe de
toutes les lumières naturelle, hyperphysique et spirituelle),
c'est la manifestation ternaire du *feu divin* qui s'irradie d'en
haut : אש *Æsch*. Ce feu dissimule à jamais, sous un voile
d'impénétrable splendeur, l'essence même de l'incommunicable unité : principe causal d'où l'Universel Adam est
émané à la racine de l'involution ; principe final où, pour
clore l'évolution générale des êtres, il doit se réintégrer et
s'occulter enfin.

SENS SUPERLATIF OU MÉTAPHYSIQUE

DE L'EMBLÈME

POUR dégager la signification de notre pantacle, au point de vue métaphysique pur, il faudrait révéler tous les mystères du Tétragramme incommunicable יהוה (Iod-hé-vau-hé), synthèse divine de l'Univers vivant.

Or d'une part, il serait oiseux de répéter ici les explications assez détaillées et décisives, déjà produites à diverses pages de ce livre ; et d'un autre côté, le caractère ineffable de l'Absolu, cet Innommable manifesté par le nom de יהוה, défie l'effort de nos langues analytiques et relatives.

Nous serons donc extrêmement sobres de développements : il convient de limiter cette notice à quelques indications fort brèves.

Qu'il nous suffise d'observer qu'*Æsch* אש représente l'Esprit pur, universel, principiant, qui tisse un vêtement de lumière intelligible au mystique *Aïn-Soph* אין סוף, l'*être-non-être* : Être absolu par rapport à lui-même, car il *est* seul au sens primordial [77]; non-être par rapport à nous, êtres finis et contingents, car le Relatif ne peut comprendre l'Absolu.

Le triangle d'*Aourîm* אורים figure *le Verbe*, indestructible conjonction de l'Esprit et de l'Ame universelle : Comme *Adam-principe* produit *Ève-Faculté* et ne fait qu'un avec elle ; comme le *Feu* אש produit la *Lumière* אור et ne fait qu'un avec elle ; ainsi l'*Esprit universel* produit l'*Ame collective* et ne fait plus avec elle qu'une seule et même chose : *le Verbe*.

Cet arcane semble encore plus parfaitement exprimé par la figure centrale du grand Androgyne. — Du *mâle* י, émane la *femelle* ה. — Leur synthèse Iah יה constitue une assimilation homogène, cohésive : symbole éternel du *Père*, engendrant le *Fils* (par le moyen de la *Mère céleste* ou Nature-naturante), et se reproduisant lui-même dans la personne de ce Fils. Quant à l'oiseau d'Hermès, planant au-dessus de l'Androgyne, il faut y voir le *Saint-Esprit*, ו, qui procède du Père et du Fils, de Dieu et de l'Humanité. — Enfin les globes d'en bas figurent *le Royaume* (*Malkouth* מלכות), sphère d'action du deuxième ה, où s'exerce l'intarissable fécondité du Tétragramme dans le domaine de la *nature naturée*, monde de la substance plastique, des formes sensibles, des effigies.

Au même titre que le quaternaire *Iod-hévé* יהוה, le quaternaire *Agla* אגלא peut servir de clef à notre emblème :

---

77 *AEieïe asher AEieïe* אהיה אשר אהיה : *l'Être est l'Être.* Axiome fondamental de la théologie kabbalistique. Son corollaire, d'une incalculable portée, peut se formuler ainsi : *Sum, ergo Esse.*

Le premier *Aleph* (‫א‬ = 1) exprimera dès lors l'Unité principiante de l'Univers; *Ghimel* (‫ג‬ = 3), le ternaire des personnes en Dieu; *Lammed* (‫ל‬ = 12), le déploiement du ternaire spirituel multiplié par le quaternaire sensible (3 X 4 = 12) et la diffusion de l'Être Universel dans le Temps et dans l'Espace. — Enfin le dernier *Aleph*, l'Unité principiante et finale, point de départ et point d'arrivée; l'unité suprême où tout rentre après le double mouvement hémi-cyclique de la Descente et de l'Ascension[78], de la Désintégration et de la Réintégration, de la Chute et de la Rédemption.

En rapprochant ceci des notions précédemment émises, il sera loisible au lecteur ingénieux de développer et de compléter à son profit le sens superlatif ou divin du Grand Androgyne kabbalistique.

Nous n'avons rien négligé d'essentiel; mais en posant des principes, nous n'avons pas prétendu les démontrer, encore moins les élucider jusque dans les conséquences qu'on en peut déduire.

---

78   Sur l'échelle de Jacob.

APPENDICE

IV

NOTICE SUR DEUX SOCIÉTÉS SECRÈTES
EN 1890

LA FRATERNITÉ MARTINISTE ET L'ORDRE DE LA ROSE~CROIX

'ON a beaucoup écrit des *Sociétés Secrètes*; beaucoup et mal: je veux dire fort inexactement. Ce n'est pas sans doute que de laborieuses recherches n'aient été accomplies; mais la passion politique s'en est mêlée, et le malheur a voulu, qu'impatients de faire prévaloir une thèse conforme à leurs préférences, les historiographes de ces Fraternités ne demandassent pour la plupart. au pêle-mêle des documents par eux amassés, que des pièces justificatives *quand même* d'une opinion conçue d'avance.

D'ailleurs, chose curieuse! abstraction faite des ten-
dances de parti, le propre du sujet a toujours été d'exalter
outre mesure et de griser l'imagination des plus impartiaux.
Ils se révèlent impuissants à trier rationnellement les matériaux dont ils regorgent, à les examiner au flambeau d'une
saine critique, à les classer enfin suivant leur importance et
leur authenticité. Loin d'en rien déduire de lumineux, de ty-
pique et de péremptoire, ils se traînent péniblement dans le
dédale des plus hasardeuses conjectures, tout pesants d'une
érudition mal digérée : comme ces frelons en goguette, ivres
d'un miel de contrebande, bourdonnent sur place, l'aile fré-
missante ; ils ne savent plus se décider à prendre essor, pour
avoir trop copieusement butiné les raisins mûrs.

Dès qu'il s'agit de Sociétés Secrètes, il est remarquable
que la passion aveugle le plus grand nombre et que chacun s'obstine avec délices, même contre l'évidence : d'où
grand désarroi dans les idées, et solutions qui se croient
absolues, dans les sens les plus contradictoires. Quelques
écrivains, comme le constituant Mounier [79], méconnaissent
l'influence très réelle et souvent décisive que ces associations mystérieuses ont pu exercer sur la marche des événements sociaux et politiques ; d'autres, n'y voyant — tel
l'auteur estimable au reste du pamphlet de 1819 [80] — que
des ruches de conspirateurs et des conventicules de révolu-

---

79 *De l'influence attribuée aux philosophes, aux francs-maçons et aux illuminés sur
la Révolution, de France,* par J.J. Mounier. — Paris, 1822, in-8.
80 *Des Sociétés secrètes en Allemagne* et de la secte des illuminés. — Paris,
1819, in-8.

tionnaires plus ou moins farouches, qualifient de jongleries insignes les rites de ces Fraternités, et dénoncent leurs doctrines comme trompe-l'œil à l'usage des naïfs, ou comme prétexte à dérouter la méfiance des gouvernements établis.

Il faut chercher le vrai entre ces deux opinions extrêmes. Toutes deux sont justes d'ailleurs partiellement : il ne s'agit que de s'entendre.

Une distinction s'impose tout d'abord, entre les *Sociétés dogmatiques* ou d'*enseignement*, et les Sociétés de *propagande* ou d'*action*. L'ordre des *Philosophes Inconnus*, dont nous avons touché un mot, pourrait être pris pour type des premières ; celui des *Francs-Juges*, que nous avons signalé plus au long sous le nom de *Sainte-Vehme*, conviendrait comme type des secondes.

D'autres, comme la *Maçonnerie primitive*, l'*ancienne Rose-Croix* et la *Rose-Croix rénovée*, procèdent à la fois de ces deux classes.

Le *Tombeau de Jacques Molay* [81], par Cadet de Gassicourt, ne laisse aucun doute sur le double caractère de l'*ancienne Maçonnerie*, prolongement occulte de l'ordre des *Templiers*. Nous-mêmes avons ailleurs assez nettement éclairci ce point décisif. Quoi qu'il en soit, il ne parait pas inopportun de transcrire ici le sommaire des doctrines que Cadet de Gassicourt attribue aux *Illuminés Théosophes* : appellation générale dans laquelle il englobe et confond les Martinistes et les dignitaires des hauts grades de la maçonnerie.

---

81 Paris, an V, in-32, fig.

Que le lecteur *initiable* nous veuille accorder toute son attention : il va trouver condensés, sous une forme équivoque, parfois paradoxale ou même blasphématoire en apparence, plusieurs des hauts mystères de l'Occultisme.

THÉORIES DES ILLUMINÉS

Dieu n'est pas dans l'espace.

Dieu lui-même est homme et l'homme est Dieu.

L'Essence divine est amour et sagesse.

L'amour divin et la sagesse divine sont substance et forme.

L'usage de toutes les créatures monte par degrés, depuis l'être le plus éloigné de l'homme jusqu'à l'homme ; et par l'homme, jusqu'au Créateur, principe de tout [82].

Dieu est le même dans le plus petit comme dans le plus grand.

Dans le monde spirituel, on voit des terres, des eaux, des atmosphères, comme dans le monde naturel ; mais celles du premier sont spirituelles et celles du second sont matérielles.

Le Seigneur de tout, Jehovah [83] n'a pu créer l'Univers et tout ce qu'il contient, sans être homme.

Il existe, dans les matières, une Force qui tend à la production des formes des êtres.

---

82   Voilà complète et même *complétée*, l'idée-mère autour de laquelle pivote toute la synthèse de Darwin. — Notons que dès 1768, J.-B. Robinet publiait un ouvrage très curieux sous ce titre : *Gradation naturelle des Formes de l'Être ou Essais de la Nature qui apprend à faire l'homme.* (Amsterdam, in-8, figures).

83   Voir la note (2ᵉ partie de l'Appendice) où nous expliquons l'identité d'essence de יהוה et אדם־חוה, de *Jehovah*, et d'*Adam-Ève*.

Toutes les formes des productions de la nature présentent une espèce d'image de l'homme.

Tout ce qui est dans l'Univers, considéré quant aux différents êtres, présente une image de l'homme, et atteste que Dieu est homme [84].

Il existe deux facultés ou principes, la Volonté et l'Entendement, créés pour être les réceptacles du Seigneur.

La vie de l'homme est dans ses principes et ses principes sont dans son cerveau.

La vie corporelle de l'homme existe par la correspondance du vouloir avec le cœur, et de l'entendement avec le poumon [85].

Cette correspondance peut nous découvrir plu sieurs choses igno-rées, tant sur ce qui concerne la volonté et l'entendement que sur l'amour et la sagesse.

Quand on connaît la correspondance du cœur avec la volonté et celle de l'entendement avec le poumon, on connaît ce que c'est que l'âme de l'homme.

La Sagesse ou l'Entendement tient de l'Amour divin le pouvoir de s'exalter, de recevoir la lumière du Ciel et de comprendre ce qu'elle manifeste.

L'amour divin, épuré par la sagesse, dans l'entendement, devient spirituel, et céleste.

Mais ces généralités, si importantes soient-elles, débordent notre cadre.

---

84   Les formules sont imparfaites, souvent mauvaises : mais la Doctrine rayonne encore sous ce vêtement indigne d'Elle.

85   Ne nous hâtons pas trop de crier à l'absurde !

Que le lecteur y prenne garde. Pour avoir ouvert une parenthèse et transcrit l'énoncé de ces principes, dont la portée est vraiment capitale ; pour y avoir joint quelques observations d'ensemble, nous n'avons prétendu traiter ici, ni des Sociétés Secrètes, en général, ni de leurs rites et de leurs doctrines. Néanmoins, c'est à la faveur de 1a distinction faite plus haut qu'il nous reste à préciser, en quelques traits assez fermes, le but et l'organisation de deux sociétés occultes en 1890.

Le *Martinisme* constitue un groupe purement initiatique, une société d'enseignement élémentaire et de diffusion de l'Ésotérisme. Dans la *Rose-Croix* il faut voir un ordre à la fois d'*Enseignement* et d'*Action*.

Le *Martinisme*, fondé, à l'instar de la Maçonnerie, sur le Ternaire occulte, comprend trois grades l'*Affilié* (1er degré) correspond à l'*Apprenti* maçon ; l'*Initié* (2e degré) correspond au *Compagnon* ; l'*Initiateur* (S.˙. I.˙., 3e degré) correspond au *maître*.

Toutefois, comme le fait judicieusement observer notre frère Papus : « L'instruction d'un membre du 1er degré des S.˙. I.˙. dépasse de beaucoup, au point de vue traditionnel, non seulement celle d'un maître, mais celle d'un 33e franc-maçon [86]. »

Également divisée en trois degrés, la *Rose-Croix* vient se greffer sur le *Martinisme* ; car, pour prétendre au 1er grade de

---

86   Les *Sociétés d'initiation* en 1889, par Papus (l'*Initiation*, n° 7, page 13).

la Rose-Croix, il faut se justifier titulaire du 3e grade martiniste (S.·. I.·.). C'est une condition formelle de l'admission.

On peut donc être Initiateur S.·. I.·. sans s'affilier à l'ordre de la Rose-Croix ; mais je le répète, tout affilié Rose-
Croix, fut-il du 1er grade, a nécessairement gravi les trois
degrés martinistes.

Les enseignements martinistes portent sur les principes
de l'Esotérisme et sur la synthèse des Religions : étant élémentaires, ils n'offrent rien qu'il soit défendu de divulguer ;
seule, la base du symbolisme doit être tenue secrète. Nous
n'estimons enfreindre aucun serment en livrant au public
les détails qui vont suivre.

Le *temple* peut être tendu dans une simple chambre.
Quand le profane est introduit, il se trouve entouré d'un
certain nombre d'hommes masqués qui sur sa poitrine
pointent en silence leur épée nue. Coiffés de bandelettes à
l'égyptienne, ils se montrent vêtus dans certains cas, d'une
robe de pourpre ou d'écarlate, ample et flottante. On fait
asseoir le postulant sur un fauteuil drapé de laine blanche en face d'un autel [87] où brillent, disposés dans l'ordre
prescrit, un nombre donné de luminaires : ce sont ordinairement des cierges de teintes bien tranchées. Divers objets emblématiques en nombre préfixe (sphinx de bronze,
masque, poignard, tête de mort piquée d'une fleur, pantacles, etc...) reposent, groupés selon le Rituel, sur trois ta-
pis superposés, de couleurs disparates. Au fond de la pièce

---

87   A défaut d'un autel, une table y peut suppléer, oblongue ou carrée,
soigneusement disposée comme il suit.

flamboie l'Étoile du Microcosme, le Pentagramme rayonnant de la Sainte Kabbale. Le récipiendaire est questionné sur l'enchaînement des circonstances qui l'ont conduit au seuil de l'occultisme, et lui ont fait désirer l'initiation. Puis on l'interroge sur *Dieu*, l'*Homme* et l'*Univers*. Suivant celui de ces trois objets qui semble l'intéresser davantage, on conclut à son aptitude spéciale pour la *Métaphysique*, ou la *Psychologie*, ou les *Sciences Naturelles*: et l'initiateur, dans ses enseignements ultérieurs, a soin d'insister en conséquence sur des preuves ou des arguments tirés de celle des trois sciences que le néophyte a paru préférer. Toutefois, comme la *Liberté* est dans l'Ordre un principe fondamental et absolu, celle du profane est réputée inviolable: il est donc libre d'opposer un refus de répondre à toutes ces questions. On n'a droit d'exiger de lui qu'une seule chose: le serment de taire la base du symbolisme et aussi le nom de son Initiateur, le seul de tous les assistants qu'il soit censé connaître. L'enseignement lui est enfin transmis, et tous les membres présents le consacrent *Affilié*, *Initié* ou *Initiateur*, suivant les cas, en le touchant légèrement de leur glaive [88]. Un discours synthétique clôt d'habitude la séance, et l'un des S.·. I.·. reconduit en silence le récipiendaire jusqu'à la porte d'entrée.

Lorsque le postulant est connu comme préalablement instruit des vérités sur quoi roule le programme martiniste,

---

[88]   Parmi ces cérémonies, dont j'ai indiqué les principales, quelques-unes seulement sont de stricte obligation: les autres sont facultatives.

les trois grades peuvent lui être conférés coup sur coup, en une séance : ce mode d'initiation est dit : à titre honorifique.

« Aucune somme, si minime soit-elle, ne doit être per-« çue pour l'initiation. Le profane ne connaît que son initia-« teur, et doit cesser toute relation *initiatique* avec lui quand « il devient initiateur à son tour. La Conscience est le seul « juge des actes de l'initié, et aucun membre n'a d'ordres « à recevoir de qui que ce soit [89]... Chaque Initiateur instruit « une foule de membres, qui, devenant initiateurs à leur « tour, donnent au mouvement une importance réelle.

« Le défaut de l'organisation martiniste provient, à notre « avis, de la liberté absolue laissée à chacun des membres « de l'Ordre. Il en résulte une série de groupes séparés, qui « sont individuellement très fortement constitués, mais qui « doivent, à un moment donné, être susceptibles de se réu-« nir. C'est du reste ce qui se fait en ce moment. » (PAPUS, *Sociétés d'Initiation*, page 13).

Ces lignes de notre ami complètent nos indications et se passent de commentaires. Ajoutons seulement que les Martinistes sont redevables à l'un des grands adeptes du moyen âge, l'abbé Jean Tritheirn, d'un procédé stéganographique et qui leur permettra d'accomplir à l'heure voulue cette réunion si désirable, cette mobilisation théosophique attendue de tous... En tous cas ils trouveront toujours dans la Rose-Croix l'élément de synthèse et d'unité qui leur a manqué trop longtemps.

---

89   En tant que *Martiniste*.

En effet, si l'une de ces associations se réclame des principes de liberté sans frein et d'initiative individuelle, l'autre est fondée tout entière sur les principes d'autorité collective et de Hiérarchie unitaire. Le *Martinisme* et la *Rose-Croix* constituent deux forces complémentaires, dans toute la portée scientifique du terme ; puissent-ils ne jamais l'oublier !...

L'Ordre antique de la Rose-Croix était près de s'éteindre, il y a trois ans, quand deux héritiers directs de ses augustes traditions résolurent de le rénover, en l'affermissant sur de nouvelles bases : on reconstitua le Conseil occulte des Douze ; les cadres du 2ᵉ degré ne tardèrent point à se remplir. Un cercle extérieur fut enfin créé, et maintenant la vie circule à flots dans l'organisme mystique du colosse rajeuni.

Il nous est loisible de fournir ici *quelques extraits* d'une constitution jusqu'alors rigoureuse ment secrète de la *Rose-Croix rénovée*.

*
**

En apparence (et extrà), la Rose-Croix est une société patente et dogmatique, pour la diffusion de l'occultisme.

En réalité (et intùs), c'est une Société secrète d'action, pour l'exhaussement individuel et réciproque ; la défense des membres qui la composent ; la multiplication de leurs forces vives par réversibilité ; la ruine des adeptes de la magie noire ; et enfin la lutte pour révéler à la théologie chrétienne les magnificences ésotériques dont elle est grosse à son insu.

En somme, c'est un arbre dont les racines doivent puiser leurs éléments nutritifs dans le sol fertile du 1er degré (Biologie);

Dont les branches doivent fleurir en fraternité scientifique dans le 2ᵉ degré (Théorie);

Et fructifier en œuvres dans le 3ᵉ degré (Pratique).

*
**

.   .   .   .

Dans la pépinière du premier degré, le Conseil des Douze (3ᵉ degré) choisit les membres du second degré.

Les membres du 2ᵉ degré (a fortiori, le cas échéant, ceux du 3ᵉ), organisent des conférences pour l'enseignement des membres du 1ᵉʳ degré, dont ils doivent diriger les études. Mais leur rôle principal est d'exécuter les instructions du Conseil des Douze.

Les adeptes du 2ᵉ degré se trouvent ainsi à cheval sur le mur qui sépare le Patent de l'Occulte, l'Externe de l'Interne, et la Société ouverte dogmatique de la Société secrète d'action.

*
**

Les membres du 2ᵉ degré ont le droit d'adresser des vœux aux Douze; mais individuellement. — Réunis, ils ne peuvent ni délibérer, ni prendre des conclusions quelles qu'elles soient, au sujet des instructions reçues des Douze.

Les membres du 2ᵉ degré jurent le secret et doivent obéissance. Néanmoins ils sont libres de se retirer en démissionnant: à charge simplement de tenir en gens d'honneur leur serment de discrétion, sur tout ce qu'ils ont pu connaître de nos mystères et de nos délibérations, y compris l'ordre même qui a motivé leur retraite.

*
**

Les Douze prennent des décisions à l'unanimité des voix, et les membres du 2ᵉ degré en exécutent la teneur. Un seul des Douze, opposant son VETO formel, suffit à faire repousser un projet et passer, sans discussion, à l'ordre du jour pur et simple.

Cependant (et ceci restera secret parmi les Douze)..... etc.

. . . .

Tel est ce fragment d'un Concordat jusqu'ici connu de ceux-là seuls qui l'ont signé ; je veux dire les membre du Conseil des Douze, et les chefs du deuxième degré : tous ceux en un mot, dont le paraphe — in fraternitate R∴ ☥ ∴ — est suivi de l'hiéroglyphe א.

Le *Conseil des Douze* se compose de six membres connus et de six membres inconnus : le rôle de ces derniers consisterait à réédifier l'Ordre en sous-main, si jamais une cause quelconque venait à le dissoudre.

La *Rose-Croix rénovée* compte déjà plus d'un millier d'adhérents.

APPENDICE

V

DISCOURS INITIATIQUE

POUR UNE RÉCEPTION MARTINISTE

TENUE DU 3ᵉ DEGRÉ

T U as été successivement revêtu des trois grades hiérarchiques de notre Ordre; nous te saluons S∴I∴[90], et quand tu auras transcrit et médité nos cahiers, tu deviendras Initiateur à ton tour. A tes mains fidèles sera commise une importante mission: la charge t'incombera, mais aussi l'honneur, de former un groupe dont tu seras, devant ta conscience et devant l'Humanité Divine, le Père intellectuel et à l'occasion le Tuteur moral.

---

90   S∴I∴ = Supérieur Inconnu.

Il ne s'agit point ici de t'imposer des convictions dog-matiques. Que tu te croies *matérialiste*, ou *spiritualiste*, ou *idéaliste*; que tu fasses profession de *Christianisme* ou de *Bouddhisme*; que tu te proclames *libre-penseur* ou que tu affectes même le *scepticisme* absolu, peu nous importe après tout: et nous ne froisserons pas ton cœur, en molestant ton esprit sur des problèmes que tu ne dois résoudre que face à face avec ta conscience et dans le silence solennel de tes passions apaisées.

Pourvu qu'embrasé d'un amour véritable pour tes frères humains, tu ne cherches jamais à dissoudre les liens de solidarité qui te rattachent étroitement au Règne Hominal considéré dans sa Synthèse, tu es d'une religion suprême et vraiment *universelle* [91], car c'est elle qui se manifeste et s'impose (multiforme il est vrai, mais essentiellement identique à elle-même), sous les voiles de tous les cultes exotériques d'Occident comme d'Orient.

Psychologue, donne à ce sentiment le nom que tu voudras: *Amour, Solidarité, Altruisme, Fraternité, Charité;*

Économiste ou *Philosophe*, appelle-le *Socialisme*, si tu veux... *Collectivisme, Communisme...* Les mots ne sont rien!

Honore-le, *Mystique*, sous les noms de *Mère divine* ou d'*Esprit Saint*.

Mais qui que tu sois, n'oublie jamais que dans toutes les religions réellement vraies et profondes, c'est-à-dire fondées sur l'Ésotérisme, la mise en œuvre de ce senti-

---

91   C'est le vrai sens du mot catholique.

ment est l'enseignement premier, capital, essentiel, de cet Ésotérisme même.

*
**

Poursuite sincère et désintéressée du Vrai, voilà ce que ton Esprit se doit à lui-même ; fraternelle mansuétude à l'égard des autres hommes, c'est là ce que ton Cœur doit au prochain.

Ces deux devoirs exceptés, notre Ordre ne prétend pas t'en prescrire d'autres, sous un mode impératif du moins.

Aucun dogme philosophique ou religieux n'est imposé davantage à ta foi. — Quant à la doctrine dont nous avons résumé pour toi les principes essentiels, nous te prions seulement de la méditer à loisir et sans parti pris. C'est par la persuasion seule que la Vérité traditionnelle veut te conquérir à sa cause !

Nous avons ouvert à tes yeux les sceaux du Livre ; mais c'est à toi d'apprendre à épeler d'abord la Lettre, puis à pénétrer l'Esprit des mystères que ce livre renferme.

*
**

Nous t'avons *commencé :* le rôle de tes *Initiateurs* doit se borner là. Si tu parviens *de toi-même* à l'intelligence des Arcanes, tu mériteras le titre d'*Adepte ;* mais sache bien ceci : c'est en vain que les plus savants mages de la terre te voudraient révéler les suprêmes formules de la science et du pouvoir magique; la Vérité Occulte ne saurait se transmettre en un discours: *chacun doit l'évoquer, la créer et la développer en soi.*

Tu es *Initiatus:* celui que d'autres ont mis sur la voie; efforce-toi de devenir *Adeptus:* celui qui a conquis la Science par lui-même; en un mot *le fils de ses œuvres.*

*
**

Notre Ordre, je te l'ai dit, borne ses prétentions à l'espoir de féconder les bons terrains, en semant partout la bonne graine: les enseignements des S.˙. I.˙. sont précis, mais *élémentaires.*

Soit que ce programme secondaire suffise à ton ambition, soit que ta destinée te pousse un jour au seuil du temple mystérieux où rayonne, depuis des siècles, le lumineux dépôt de l'*Ésotérisme Occidental,* écoute les dernières paroles de tes Frères inconnus: puissent-elles germer dans ton esprit et fructifier dans ton âme.

*
**

Je te proteste que tu peux y trouver le *criterium infaillible* de l'Occultisme et que la clef de voûte de la synthèse ésotérique est bien là, non pas ailleurs. Mais à quoi sert d'insister, si tu peux comprendre et si tu veux croire? Dans le cas contraire, à quoi bon insister encore?

Tu es bien libre de prendre ce qui me reste à dire pour une *allégorie mystique* ou pour une *fable littéraire* sans portée, ou même pour une *audacieuse imposture*...

Tu es libre; mais ÉCOUTE. — Germe ou pourrisse la graine, je vais semer!

*
**

En principe, à la racine de l'Être, est l'*Absolu*; L'*Absolu* — que les religions nomment Dieu — ne se peut concevoir, et qui prétend le *définir dénature sa notion*, en lui assignant des bornes: « *Un Dieu défini est un Dieu fini* [92]. »

Mais de cet *insondable Absolu* émane éternellement la *Dyade androgynique*, formée de deux principes indissolublement unis: l'*Esprit Vivificateur* ♀ et l'*Ame-vivante universelle* ☿.

Le mystère de leur union constitue le *Grand Arcane du Verbe*.

Or, le *Verbe*, c'est l'*Homme collectif* considéré dans sa synthèse divine, avant sa désintégration.

C'est l'*Adam Céleste* avant sa *chute*; avant que cet *Être Universel* ne se soit *modalisé*, en passant de l'*Unité* au *Nombre*; de l'*Absolu* au *Relatif*; de la *Collectivité* à l'*Individualisme*; de l'*Infini* à l'*Espace* et de l'*Éternité* au *Temps*.

Sur la *Chute d'Adam*, voici quelques notions de l'enseignement traditionnel:

---

92   Eliphas Lévi.

Incités par un *mobile intérieur* dont nous devons taire ici la nature essentielle, mobile que Moïse appelle נחש NAHASH, et que nous définirons, si tu veux, *la soif égoïste de l'existence individuelle*, un grand nombre de Verbes fragmentaires, *consciences potentielles vaguement éveillées en mode d'émanation dans le sein du Verbe Absolu*, se séparèrent de ce Verbe qui les contenait.

Ils se détachèrent — infimes *sous-multiples* de l'*Unité-mère* qui les avait engendrés. Simples rayons de ce soleil occulte, ils dardèrent à l'infini dans les ténèbres leur naissante individualité, qu'ils souhaitaient indépendante de tout principe antérieur, en un mot, autonome.

Mais comme le rayon lumineux n'existe que d'une existence *relative*, par rapport, au foyer qui l'a produit, ces *Verbes également relatifs*, dénués de principe autodivin et de *lumière propre*, s'obscurèrent à mesure qu'il s'éloignaient du Verbe absolu.

Ils tombèrent dans la *matière, mensonge de la substance en délire d'objectivité;* dans la *matière* qui est au *Non-Être* ce que l'*Esprit* est à l'*Être;* ils descendirent jusqu'à l'e*xistence élémentaire:* jusqu'à l'*animalité*, jusqu'au *végétal*, jusqu'au *minéral* [93] ! Ainsi naquit la matière, qui fut aussitôt élaborée de l'Esprit, et l'*Univers concret* prit une vie ascendante, qui remonte de la

---

93   Ils descendirent jusqu'aux potentialités de ces choses, sur le *plan astral*, bien entendu, qui est le plan normal de l'Involution, tandis que le *plan physique* est le plan normal de l'Évolution.
En vertu de ce mouvement ascendant et répercussif qui a nom l'*Évolution*, les dires apparaissent tour à tour et progressivement, sur la scène du monde matériel, en partant des plus élémentaires.

pierre, apte à la *cristallisation*, jusqu'à l'homme, susceptible de *penser*, de *prier*, *d'assentir l'intelligible* et de s*e dévouer pour son semblable!*

Cette répercussion sensible dé l'Esprit captif, sublimant les formes progressives de la Matière et de la Vie, pour tâcher de sortir de sa prison — la Science contemporaine la constate et l'étudie sous le nom d'*Évolution*.

L'Évolution, c'est l'universelle *Rédemption de l'Esprit*. En évoluant, l'Esprit remonte.

Mais avant de remonter, l'Esprit était descendu : c'est ce que nous appelons l'*Involution*.

Comment le *sous-multiple verbal* s'est-il arrêté à un point donné de sa chute? Quelle *Force* lui a permis de rebrousser chemin? Comment la *conscience obscurée de sa divinité collective* s'est-elle enfin réveillée en lui sous la forme encore bien imparfaite de la *Sociabilité?* — Autant de profonds mystères, que nous ne pouvons pas même aborder ici, et dont tu sauras acquérir l'intelligence, si la Providence est avec toi.

Je m'arrête. Nous t'avons conduit assez avant sur la voie; te voilà muni d'une *boussole occulte* qui te permettra, sinon de ne jamais t'égarer, du moins de retrouver toujours le droit chemin.

***

Ces quelques données sont précises, sur la « *grande affaire* [94] » de l'humaine destinée : à toi le soin d'en déduire le reste, et de donner au problème sa solution.

Mais comprends bien, *mon Frère*, une troisième et dernière fois je t'en adjure, comprends bien l'*Altruisme* est la seule voie qui conduise au but unique et final, — je veux dire la *réintégration des sous-multiples dans l'Unité Divine ;* — la seule doctrine qui en fournisse le moyen, qui est *le déchirement des entraves matérielles*, pour l'ascension, à travers les *hiérarchies supérieures*, vers l'astre central de la régénération et de la paix.

N'oublie jamais que l'*Universel Adam* est un *Tout homogène*, un *Être vivant*, dont nous sommes les atomes organiques et les cellules constitutives. Nous vivons tous les *uns dans les autres, les uns par les autres ;* et fussions-nous *individuellement sauvés* (pour parler le langage chrétien), nous ne cesserions de souffrir et de lutter qu'une fois tous nos frères sauvés comme nous !

L'*Égoïsme intelligent* conclut donc comme a conclu la *Science traditionnelle :* l'universelle fraternité n'est pas un leurre ; c'est une *réalité de fait. Qui travaille pour autrui travaille pour soi ; qui tue ou blesse son prochain se blesse ou se tue ; qui l'outrage, s'insulte soi-même.*

Que ces termes mystiques ne t'effarouchent pas : nous sommes les mathématiciens de l'ontologie, les algébristes de la métaphysique.

---

94   Saint-Martin.

Souviens-toi, *fils de la Terre*, que ta grande ambition doit être de reconquérir l'*Eden zodiacal* d'où tu n'aurais jamais dû descendre, et de rentrer enfin dans l'*Ineffable Unité*, HORS DE LAQUELLE TU N'ES RIEN, et dans le sein de laquelle tu trouveras, après tant de travaux et de tourments, *cette paix céleste,* ce *sommeil conscient* que les Hindous connaissent sous le nom de NIRVANA : *la béatitude suprême de l'Omniscience, en Dieu.*

S. DE G. א.
S.'. I.'.

APPENDICE

VI

LE ROYAUME DE DIEU [95]

NOUS reproduisons, pour finir, une notice publiée il y a trois ans dans *La Jeune France*. En 1887, Albert Jhouney n'avait encore publié qu'un volume de poèmes mystiques : L'*Étoile Sainte* (Paris, Jouaust, 1884, in-4°.)

Il a donné depuis : *les Lys Noirs* (Carré 1888, in-8°) et le *Livre du jugement* (L'Étoile, 1889, in-8°).

Un roman sociologique du même auteur, *le Mage*, est annoncé pour paraître prochainement.

---

95   Par Alber Jhouney, 1 vol. in-8, Paris, 1887. — Georges Carré, éditeur.

LE ROYAUME DE DIEU

Les idées théosophiques ont fait en Europe un tel chemin depuis un quart de siècle, et particulièrement en France ces années dernières, qu'une récente infiltration verbale est à noter dans le vocabulaire coutumier des *honnêtes gens* (comme disaient nos pères), ou, si l'on veut, des hommes que préoccupent encore les choses de l'Art et de la Pensée. Nombre de mots, tombés à tort, sans doute, dans la désuétude ou le ridicule, ont reconquis droit de cité dans notre langage, et, qui plus est, repris une signification précise dans les cerveaux les plus rebelles à l'érudition. Pour qui *Kabbale* est-il aujourd'hui synonyme de *sorcellerie*? Pour personne. Il n'est pas jusqu'au terme si décrié de *Magie*, qui ne se puisse produire en public, sans évoquer, pour les esprits passionnés d'analogies lointaines, le spectre de Robert Houdin, l'homme aux prestigieux gobelets.

Mais il y a mieux. — Nul à cette heure n'ignore plus qu'un sens profondément philosophique et transcendant se dérobe aux yeux routiniers ou prévenus, sous les voiles allégoriques des saintes Écritures; d'aucuns voire se hasardent à rappeler que le Christ prit soin lui-même de nous en prévenir: car il faudrait torturer les textes sacrés avec une intention vraiment frauduleuse, pour faire jaillir un autre sens de la parole évangélique si connue: « *La Lettre tue; l'Esprit seul vivifie!* »

Qu'un homme sérieux et réfléchi, qu'un homme d'esprit et de science conteste de bonne foi l'ésotérisme des livres saints, c'est ce qu'on ne me fera jamais croire. L'Enfant-Vérité dort là, comme Jésus à Bethléem, ligoté de langes plus ou moins épais : chacun le comprend, et, à défaut d'intelligence, qui n'aurait la sagacité de le sentir ?

Au même titre que les savantes allégories des mythologies anciennes, au même titre que tous les livres sacerdotaux des sanctuaires du vieux monde, l'*Ancien* et le *Nouveau Testament* sont des monuments fermés ; il faut une clef pour les ouvrir — et cette clef, le *Zohar* la donne à ses adeptes.

Le *Zohar* !... Un mot qui dit bien peu de chose, quand il ne dit pas tout : c'est qu'il n'a garde d'offrir ses trésors à tout venant, ce vénéré grimoire, cet Évangile de la sainte Kabbale : — rarissime [96], il se dérobe aux investigations du bibliophile ; obscur et hiératique, il reste impénétrable au lecteur profane.

On sait que le fameux alchimiste Raymond Lulle, moine espagnol, livra dans son *Testament*, mais en termes voilés, les arcanes du magistère ; de ce Testament, il fit une *Clef* ; puis il se résolut enfin à formuler son *Codicille*, qui est, pour ainsi dire, une clef de cette clef, et le plus intelligible de ses écrits hermétiques :

---

96   Le *Zohar* n'a point été traduit intégralement. On en connaît plusieurs éditions syro-chaldaïques ; les deux meilleures sont celles de Mantoue et de Crémone, publiées toutes deux à la même année (1559). — M. le baron Vitta, de Lyon, a dernièrement acheté, pour la somme de 25,000 francs, une traduction manuscrite, en latin. — Serait-ce la fameuse version du moine Guillaume Postel, version qu'on a recherchée en vain jusqu'à ce jour ? — *Knorr de Rosenroth* a traduit dans sa *Kabbala Denudata* (Sulzbaci, 1677 ; Francofurti, 1684, 3 vol, in-4, très rares), les trois traités fondamentaux du Zohar : le *Siphra de Zeiniûtha*, l'*Idra Raba* et l'*Idra Suta*.

Tantæ molis erat...

Ah! zut! diront les sceptiques. — Pardon, grave lecteur; sceptique ou non, c'est assurément le mot qui voltige à cette heure sur tes lèvres hautaines: excuse donc ce que peut avoir ma franchise de blessant pour ta gravité pudibonde, d'aussi bon cœur que je pardonne à la légèreté de ton esprit, son jugement superficiel, et prématuré.

— Mais à quoi bon tant de mystères, enfin? Si la Kabbale a d'importantes révélations à me promettre, qu'elle s'exécute sommairement, sans obscure parabole, sans figure mystique... Nul, au demeurant, ne forme le noir dessein de piller sa caisse ou de saccager les merveilles que son coffre-fort recèle sous triple serrure à secret. Qu'elle se rassure, nous n'userons pas de violence à son endroit. Mais veut-elle, en fin de compte, ouvrir sous mes yeux son trésor, dont on mène si grand tapage? Dépositaire, ainsi qu'on le laisse entendre, du flambeau traditionnel de l'Absolu, que ne fait-elle rayonner sur le monde cette lumière si belle? C'est au grand jour de la science qu'une doctrine sublime acquiert tout son prix; c'est au concours, à l'exposition comparative des idées qu'elle se juge et se classe équitablement au seul criterium de la raison.

Qu'en sais-tu, Prudhomme? Car c'est toi que j'ai fait parler... *Raison*, dis-tu? Le beau mot! mais tu le traduis aussi par *sens commun*, et le sens commun, pour toi, c'est le sens de M. Prudhomme. Passer sur les génies le niveau égalitaire de la commune médiocrité, que tu incarnes; c'est là ta coutume avouée, et tu nommes cela: justice. — Un système est absurde, selon toi, quand ton cerveau ne peut le contenir : car tu le crois infaillible et compréhensif à l'infini, ton pauvre encéphale à tiroirs, mal façonné au moule des catégories d'Aristote ! — Ignores-tu donc qu'il est des idées de synthèse, dont le vol d'aigle s'essore d'un élan à travers toutes les sphères ; et tu voudrais les mettre en cage dans quelqu'un des compartiments qui subdivisent ta cervelle ? — Ces idées-là, jamais tu n'en saisiras, jamais tu n'en soupçonneras la portée... Grâces à Dieu, d'ailleurs, et tu peux en remercier le Ciel : As-tu vu jaillir l'étincelle dans une fougasse de panclastite ? — C'est ainsi qu'à l'explosion de ces verbes farouches se disjoindraient, fracassées du coup, les cases de ta boîte osseuse, pour peu que l'étincelle de ton esprit vint à jaillir dans un effort suprême de compréhension. — Et ton misérable crâne scholastique sauterait comme un marron cuit.

J'ai parlé à Prudhomme, au gorille philosophe qu'enlaidit encore le rictus niais de l'athée, à l'esprit fort imbécile qui nie le monde spirituel, au stercoraire qui nie la rose, à la taupe qui nie le soleil. Me suis-je laissé emporter à de vaines paroles ? Il se peut.

A présent, je m'adresse au lecteur sérieux, intelligent, consciencieux, toujours circonspect, et lent à prendre un parti : soit qu'il conclue à la négation motivée, ou qu'il s'abandonne volontairement à l'enthousiasme réfléchi. Je dis à celui-là : — Prenez garde condenser en langage phonétique toute la vérité, préciser les arcanes suprêmes en style abstrait, cela ne serait point seulement inutile, dangereux, sacrilège c'est impossible. Il est des vérités d'un ordre sublime, synthétique, divin, que le Verbe articulé est inhabile à rendre dans leur plénitude intégrale : la seule musique les fait assentir à l'âme ; la seule extase lui en donne la vision absolue ; seul, enfin, le symbolisme ésotérique les révèle à l'esprit dans un mode concret, — dès lors intelligible et sensible, non plus intuitif seulement et impressif.

Prenons un exemple : Demandez à un moine bouddhiste, demandez à un brahme pundit de vous définir *Nirvanâ*. Soit qu'il élude la question, soit qu'il y satisfasse, sa formule sera nécessairement incomplète et tronquée. Et pourtant *Nirvanâ* exprime un état très réel de retour à la Séité universelle, et sa définition la moins imparfaite serait peut-être celle-ci : — « Hors du Temps et de l'Espace, c'est l'état de stabilité absolue, radicale et finale, où sont réintégrés les sous-multiples du principe hominal, dans la synthèse de l'unité divine. » Est-il besoin de dire que cette formule approximative ne livre aucunement la suprême signification de l'arcane, car c'est en vain que le métaphysicien la demanderait à tout autre verbe qu'au symbolique ou à l'hiéroglyphique. Qu'on s'en prenne au caractère relatif de tout langage phonétique, impuissant par essence à traduire les idées absolues.

Coupons court à cette digression et contentons mous d'affirmer ici que les voiles initiatiques ont leur triple raison d'être ; que l'Ésotérisme à trois degrés peut seul permettre à chaque concept de prendre son développement analogique dans les trois sphères naturelle, intellectuelle et divine, auxquelles correspondent les trois formes du Verbe : l'Énonciatif, le Figuratif et l'Hiéroglyphique.

Ne nous effarouchons plus à cette pensée, que l'étude du *Codicille* de Lulle est nécessaire à la lecture de sa Clef, et cette *Clef* indispensable enfin pour avoir l'intelligence dé son *Testament*. — N'hésitons pas davantage à voir dans le *Zohar* le mystérieux pronaos de l'Ésotérisme biblique [97], et à chercher la vraie clef qui nous ouvrira ce portique, par où l'on descend aux profondeurs de la Kabbale.

Mais où trouver cette clef secrète ?

Dans un livre qui vient de paraître.

L'on n'y cherchera point une paraphase explicative des textes syro-chaldaïques, mais un pont métaphysique, par où pénétrer de plain-pied dans les mystères du *Zohar*.

Le Royaume de Dieu tient enclose, en moins de cent pages, toute la substance théologique et dogmatique de la Kabbale. — C'est par une opération d'alchimie merveilleuse que M. ALBER JHOUNEY a su condenser, tout en élucidant la forme et le fond même, ce que Rabelais eût appelé « la substantificque mouëlle » du Zohar.

Et n'allez pas vous figurer un résumé, un sommaire, ni vous attendre à quelque Épitome pédantesque d'une aussi massive compilation. Rien n'est plus personnel que le livre de M. Jhouney, où tempérant le verbe abrupt et hiératique

---

97   Voir aussi la *Langue hébraïque restituée*, par Fabre d'Olivet (Paris, 1816, 2 vol. in-4.). Ce vaste ouvrage peut être d'un secours unique pour l'intelligence hiéroglyphique des mots hébreux. D'Olivet était un adepte et un savant linguiste ; la portée de son livre est colossale.

de l'adepte, les délicatesses de l'art le plus subtil et le plus raffiné apportent un accent de modernité vraiment savoureux.

Conçu et exécuté sur le patron métaphysique du système de l'Émanation, contre lequel s'appuie tout l'échafaudage de la Kabbalah, le *Royaume de Dieu* se divise en dix chapitres.

Chacun correspond à l'une des dix Séphiroths.

Ceux qui ont reçu quelque notion de la théologie occulte des Hébreux n'ignorent point que l'on groupe les neuf premières Séphirots en trois ternaires superposés, — images de la Trinité divine, reflétée successivement dans chacune des trois sphères : le monde religieux, le monde intelligible, le monde naturel.

M. Jhouney a donc partagé son livre en trois grandes parties, de trois chapitres l'une, et intitulé ces divisions générales : *Dieu. — Vérité. — Humanité.*

Total : neuf chapitres. — Un dixième chapitre forme épilogue : correspondant à l'ultime Séphire, — celle de Malkouth ou du monde proprement dit — il résume les inductions de l'auteur sur l'avenir de l'univers et porte ce titre : *Prophéties.*

Ce dernier chapitre est le seul aux conclusions duquel nous ferions quelque difficulté de souscrire, du moins sans réticences ; l'auteur a exposé là des idées qui lui sont personnelles, et dont la critique nous entraînerait fort loin, dans des voies d'ailleurs arides autant qu'épineuses. Qu'il nous suffise de marquer nos réserves, touchant certaines inductions de l'épilogue ; nous n'en serons que plus à l'aise pour rendre justice à l'ouvrage lui-même, où la pensée se déploie sans défaillance, dans un verbe simple et magnifique.

Là, M. Jhouney manifeste des qualités de conception et d'exécution au-dessus de tout éloge ; si bien qu'en face de ce savant lyrisme, le lecteur s'arrête, charmé, ne sachant s'il sied d'admirer davantage le coup d'aile du poète ou la haute envergure du penseur. — Soit dit sans préjudice pour la science, toujours parfaite, de l'initié.

Voilà une œuvre profonde et charmante, envolée et robuste, nourrie de grandes pensées et fleurie de pure poésie : et je le répète, c'est là le livre qu'il faut lire pour s'initier aux arcanes du Zohar.

Je conseillerais de plus à ceux qui n'ont aucune idée de la Kabbale, d'avoir entre les mains l'excellent ouvrage de M. Franck, de l'Institut [98]. C'est un guide précis, systématique et sûr, qui, les initiant aux mots et aux choses de la Kabbale, leur sera une excellente introduction au livre infiniment plus dense et plus profond de M. Jhouney : il ne faut voir dans l'unique le travail consciencieux d'un critique érudit ; l'autre est l'œuvre d'un adepte. — Écrit surtout pour les initiés ou du moins les étudiants en occultisme, il néglige volontiers tout commentaire explicatif, pour se borner à un enseignement rigide, sobre et hiératique, à l'instar des anciens livres sacrés de l'Orient.

---

98   *La Kabbale, ou la Philosophie religieuse des Hébreux.* 1 vol. in-8, par Adolphe Franck. Paris, Hachette, 1843.

Une citation fera mieux comprendre notre pensée. Lettrés et métaphysiciens nous sauront gré de mettre sous leurs yeux cette page étonnante, qui leur donnera la mesure de la profondeur des doctrines, sous la limpidité cristalline du style :

§. — Des âmes, qui priaient dans un des plus hauts cercles du paradis, désirèrent qu'une vision leur exprimât l'intelligence du mystère de la Sainte-Trinité.

§. — Elles virent alors, dans un ciel noir sans astres, et plus élevé que tous les cieux étoilés, le sommet d'une montagne dont la base plongeait au-dessous des enfers et dont les flancs montaient à travers tous les cercles de l'éther immense.

§. — De cette cime tombait une source qui formait un fleuve, et le fleuve baignait l'univers ; il serpentait sur tous les étages de la nuit, se précipitait en écumant de l'un à l'autre, et portait des étoiles dans ses eaux.

§. Une splendeur émanait à la fois du fleuve et de la montagne et les pénétrait tous deux.

§. — Alors un archange dit à ceux qui voulaient comprendre le mystère :

§. La montagne ne peut couler à travers les mondes comme le fleuve, et le fleuve ne peut demeurer immobile au centre des mondes comme la montagne.

§. Sans la splendeur qui les unit, la montagne ignorerait la douceur magnifique et la charité du fleuve ; le fleuve oublierait, en nourrissant les mondes, la solitude et la pureté de la montagne.

§. — Songez à l'Être parfait : ne doit-il pas, comme la montagne, rester immuable et solitaire ; comme le fleuve, vivifier la création ; comme la splendeur, unir entre eux le Verbe et l'Absolu ?

§. — S'il n'était tout entier qu'en l'une de ces puissances, il ne jouirait pas de la plénitude des autres.

§. S'il ne demeurait pas un, il deviendrait trois dieux finis, incapable chacun de la volonté des deux autres.

§. — Dieu est UN parce qu'il est infini. Il est TRIPLE parce qu'il est illimité. — (*Le Royaume de Dieu*, p. 13-14, chap. I, sect. III, §. 12 à 22.)

On le voit, c'est un monument de *Kabbale chrétienne* que nous donne aujourd'hui le jeune et savant adepte. Comme les œuvres splendides d'Éliphas Lévi, comme l'*Amphitheatrum Sapientiæ* d'Henri Khunrath, comme la *Clavis absconditorum* de Guillaume Postel, le *Royaume de Dieu* d'Alber Jhouney se rattache au grand courant de l'Ésotérisme Judéo-Chrétien.

Le *Zohar* a épousé l'*Évangile ;* l'esprit a fécondé l'âme ; et des œuvres immortelles ont été les fruits de .cette union. La Kabbale, devenue catholique à l'école de saint Jean, le maître des maîtres, incarne clans une forme métaphysique admirable — et nullement bâtarde, ainsi que l'ont jugé quelques cerveaux chagrins — l'*Esprit* absolu de science de justice et d'amour, qui *vivifie* intérieurement la *lettre morte* de toutes les orthodoxies.

C'est ce même Esprit qui, soufflant à grands courants sous le dôme de tous les sanctuaires prêts à s'écrouler; agite et soulève les voiles disparates derrière lesquels survit, respire et palpite encore la Vérité une et invariable, dépôt vivant et traditionnel de l'éternel Ésotérisme.

L'Inde antique est le centre fécond d'où rayonna sur le monde entier la lumière scientifique: les Trismégistes d'Égypte relevaient, comme prêtres et comme enseignants, du souverain pontife de la Paradésa; et c'est dans la science égyptienne, emportée de Mitzraïm par Moïse, lors de l'exode des Benê-Israël, qu'il faut voir la source de cette tradition sacrée qui se transmit chez les Juifs de générations en générations, par voie orale, jusqu'aux disciples de Siméon-ben-Jochaï, —lesquels écrivirent sous la dictée de ce maître, vers le deuxième siècle de l'ère chrétienne, le grand *Livre de la Lumière* (Zohar).

Salut donc à la vieille mère de la science occulte, à cette Inde vénérable, qui, après avoir donné de si grands enseignements au monde entier, semble loin d'avoir dit son dernier mot! Salut à ces Mahatmas du Thibet, qui conservent encore, dit-on, le dépôt sacré de l'ésotérisme hindou, au sommet de ces mêmes montagnes où siégeait, il y a huit mille ans, le souverain Pontife du culte universel. Qu'il soit permis à un enfant de l'Occident, humble héritier des traditions judéo-chrétiennes, d'adresser, du fond de la Varaha celtique, un fraternel et lointain hommage aux adeptes de l'Himalaya. Il ne manquera pas d'y joindre ses félicitations et ses vœux à l'adresse de cette vaillante *Société de Théosophie*, qui répand sur les deux mondes, avec l'ombre de ses rameaux croissants, des doctrines de vérité, de justice et de paix.

Sans doute — et le kabbaliste qui trace ces lignes n'a garde de s'en défendre — la forme judaïque de l'Ésotérisme chrétien lui tient à cœur, comme à tous les frères de son cercle. Il pense même qu'elle est plus conforme que tout autre au génie des races occidentales ; il ne s'en est jamais caché.

Ce qui ne l'empêche point de voir dans les adeptes hindous des frères étrangers, ou, si l'on veut, des correligionnaires qui parlent une autre langue que lui. Aussi ne peut-il que répéter ici ce qu'il écrivait en 1886 : « Dans les sanctuaires de l'Iran, de l'Hellade et de l'Étrurie, aussi bien que chez les Égyptiens et les Hébreux, la même synthèse a revêtu diverses formes ; et les symbolismes en apparence les plus contradictoires traduisent pour l'Élu la Vérité toujours une, dans la langue, invariable au fond, des mythes et des emblèmes [99]. »

STANISLAS DE GUAITA.

---

[99] *Essais de sciences maudites. Au seuil du Mystère*, p. 2, vol. grand in-8. Paris, Carré, 1886. (Première édition).

TABLE DES MATIÈRES

APPENDICE

I
NOTICE SUR L'AMPHITHEATRUM SAPIENTIÆ DE KHUNRATH

II
NOTICE SUR LA ROSE~CROIX PENTAGRAMMATIQUE
DE KHUNRATH

III
NOTICE SUR LE GRAND ANDROGYNE DE KHUNRATH

IV

NOTICE SUR LA FRATERNITÉ MARTINISTE
ET L'ORDRE DE LA ROSE~CROIX

V

DISCOURS INITIATIQUE POUR UNE RÉCEPTION MARTINISTE

VI

LE ROYAUME DE DIEU
D'ALBER JHOCNEY

FIN